입문편

다락원 중국어회화

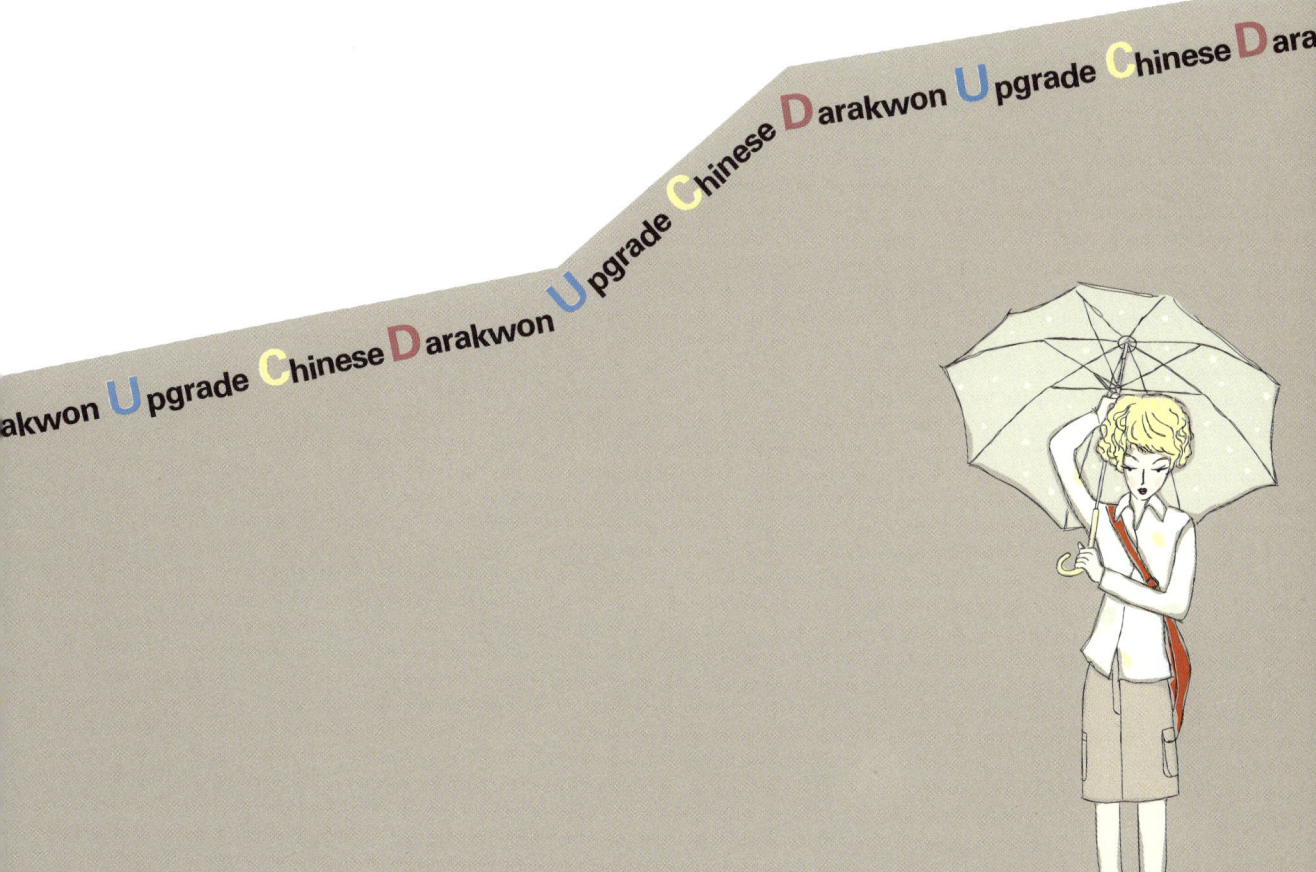

머리말

『다락원 중국어회화-Upgrade Chinese』시리즈는 중국 산둥대학교 웨이하이 분교의 교수진에 의해, 한국인들이 좀더 쉽고 효과적으로 중국어를 학습하도록 하는 것을 주 목적으로 하여 편찬된 교재이다.

현재 한국에는 중국어 학습에 대한 관심이 계속해서 고조되고 있으며, 향후로도 이 열풍은 더욱 거세질 전망이다. 하지만 대부분의 중국어 학습교재는 중국어를 학습하고자 하는 외국인을 대상으로 하여 쓰여졌을 뿐, 특별히 한국인을 대상으로 하여 쓰여진 교재는 많지 않은 상황이다. 또한 한국인을 위해 쓰여진 교재도 체계성과 과학성이 결여된 경우가 많았다.

이러한 와중에 본 편찬위원회는 〈한국인의 중국어학습을 위한 연구〉라는 과제를 맡고, 그 첫 성과로 본 교재를 집필하게 되었다. 한국인을 위해 전문적으로 쓰여진 중국어 교재에 목말라하고 있던 터였기에 매우 다행스러운 일이 아닐 수 없다.

이 교재의 장점은 다음과 같다.

첫째는 교재의 정확성(針對性)을 들 수 있다. 지금까지 나왔던 많은 교재들은 혹은 한국의 교수진에 의해 집필되기도 했고 혹은 중국의 교재를 번역출판한 경우도 있었지만, 대부분 한국인이 중국어를 학습하면서 가려워하는 부분을 제대로 짚어서 속시원히 해결해 주지 못했었다. 이제 이런 교재를 한국 교재시장에 선보일 수 있게 된 데 무한한 기쁨을 느끼며, 많은 선생님들과 학습자들로부터 진심어린 환영을 받을 것이라 믿어 의심치 않는다.

이 교재의 두번째 장점은 최신 교재라는 점(當代感)이다. 교재의 본문에 쓰인 모든 어휘와 문장 등은 현재 가장 보편적으로 많이 쓰이고 있는 것들에서 선택되었으며, 이는 학습자들이 더 빨리 더 쉽게 중국에서 현재 쓰이고 있는 표현과 어법을 학습할 수 있도록 도와줄 것이다.

세번째 장점은 이 교재의 실용성에 있다. 이 교재의 집필에 참여하신 교수님들은 모두 장기간 한국 유학생들의 중국어 지도에 종사하신 분들로, 모두 한국 학생들이 중국어를 배우는 데 있어서의 유리한 점과 불리한 점을 너무나도 자세히 알고 있다.

그랬기에 경험을 통해 알게된 이러한 점들을 집필에 적용시킴으로써, 학습자들이 적은 노력으로도 더 많은 효과를 거둘 수 있도록, 학습 효과를 단기간에 직접 몸으로 느낄 수 있도록 하기 위해 노력하였다.

넷째로 이 책은 과학적으로 집필되었다. 처음 만나 인사를 나누는 데서 시작하여, 자신의 주변 환경을 묘사하고, 나아가 학습과 일, 여행 등 소재를 점점 확대시킴으로써, 표현법과 언어적 사고를 체계적으로 확대시켜 나갈 수 있도록 구성하였다. 이 과정에서 매 어법사항을 배울 때마다 그 자리에서 직접 연습문제를 통해 확인하도록 함으로써 바로바로 적용시키는 방법을 익히도록 했다는 점을 큰 특징으로 들 수 있다. 또한 풍부한 연습문제를 통해 수업시간에 직접 훈련을 하고 수업이 끝난 후 스스로 재차 확인토록 하여, 학습자들이 매일매일의 학습사항을 충분히 복습할 수 있도록 하였다.

이 책이 한국에서 출판되어 나오기까지 많은 분들의 도움이 있었음을 밝히고 싶다. 고려대학교 장향실 교수께서는 바쁘신 와중에도 한국어 번역부분을 세밀하게 검토해 주셨으며, 서해초(徐海超)선생님과 곽화빙(郭化氷)선생님도 소재의 제공과 편찬에 참여하였다. 이 모든 분들께 충심으로 사의를 표하고 싶다. 또한 원고를 세심하게 검토하여 학습자들에게 내놓을 수 있도록 해준 다락원 중국어편집부와 한국의 많은 친구들에게도 감사드린다.

대외중국어 교학에 다년간 몸담고 있는 교수진이 그 경험을 총괄하여 만들어낸 교재인 만큼, 한국의 중국어 입문자들에게 더없이 효과적이고 적합한 교재임을 확신하며 이 교재를 자신있게 추천하는 바이다. 아울러 여러 학습자들과 이 책을 사용하시는 국내외 전문가들, 동료들, 선생님들의 준엄한 질정을 기다린다.

2004년 2월
교재편찬위원회

이 책을 학습하기 전에...

1. 이 책의 구성

『다락원 중국어회화-Upgrade Chinese』시리즈는 중국어를 처음 배우는 한국인을 대상으로 편찬한 교재로, 〈입문편〉, 〈기초편〉, 〈초급편〉, 〈초급에서 중급으로〉의 4단계로 구성되었다. 한 권은 총 8과로 이루어지는데, 단 〈입문편〉의 경우에는 한어병음을 따로 학습하는 부분이 포함되어 본문은 총 6과로 이루어진다.

〈입문편〉의 세부구성은 다음과 같다.

중국어의 기초 - 한어병음
학술적인 설명을 피하고 각 성모와 운모, 성조의 발음방법을 간략하게 설명하였다. 대신 실제로 반복하여 들으면서 각 소리를 익힐 수 있도록 풍부한 발음의 예와 정확한 녹음을 제공하고 있다.

Step 1 : 기본회화 익히기
하나의 주제를 2-3개의 상황으로 나누어 표현을 배우도록 함으로써, 학습자들이 다양한 상황에 적용시켜 의사소통을 할 수 있도록 유도하였다.

Step 2 : 주요표현 따라잡기
인사표현이나 나이, 시간, 날짜를 나타내는 방법 등 그 과의 핵심표현에 대한 부가 설명과 함께 학습해야 할 추가 표현을 정리하였다.

Step 3 : 어법 포인트 콕콕 찍어주기
회화에서 다루어지는 어법을 확인용 연습문제와 함께 학습함으로써 응용을 통해 쉽게 이해하고 기억할 수 있도록 하였다.

Step 4 : 관련어휘로 기초 다지기
그 과에서 다루는 주요표현을 응용하기 위해 참고로 알아두어야 할 어휘들을 삽화와 함께 제공하여 흥미있게 학습할 수 있도록 하였다.

Step 5 : 이렇게 저렇게 말해보기
핵심표현을 'Step 4'에서 배운 어휘를 이용하여 교체연습을 하도록 하는 코너로, 강의를 들은 후 학습자들이 혼자 반복해서 학습한 내용을 복습하여 익히도록 하였다.

Step 6 : 발음 클리닉
중국어 학습에서 가장 중요한 것이 발음을 제대로 잡아주는 것인 만큼, 학습자들이 강의시간 외에 개인적으로 반복하여 중국어발음 훈련을 하는 코너를 두었다. 1단계 〈입문편〉에만 제공된다.

Step 7 : 중국어 실력 쑥쑥 키우기
그 과에서 배운 어법과 주요표현 등을 연습문제를 통해 최종 복습하는 코너이다. 강의용으로 사용할 수도 있고, 책의 뒤에 정답이 제공되기 때문에 학습자들이 개인적으로 복습할 때 사용할 수도 있다.

이 책은 풍부한 삽화와 함께 전면 올컬러로 제작되어 학습자들이 싫증을 내지 않고 흥미롭게 중국어를 학습할 수 있도록 하였다. 또한 매 과의 끝에는 중국과 중국문화에 대한 상식을 사진과 함께 접할 수 있는 〈중국문화 읽기〉 코너와, 각 과에서 다루어지는 간체자를 쓰는 훈련을 할 수 있는 간체자 펜맨십이 포함되어 있다.

3. 품사 약어표

품사명	약어	품사명	약어	품사명	약어
명사	명	고유명사	고유	형용사	형
동사	동	어기조사		감탄사	감
수사	수	동태조사	조	접속사	접
부사	부	구조조사		접두사	접두
개사	개	대사	대	접미사	접미
양사	양	의문대사			

2. 표기규칙

이 책에 나오는 중국의 지명이나 건물, 기관, 관광명소의 명칭 등은 중국어 발음을 한국어로 표기하는 것을 원칙으로 하였다. 단, 우리에게 한자발음으로 잘 알려진 것에 한하여 한자발음으로 표기하였다.

예) 北京 → 베이징
　　万里长城 → 만리장성

인명의 경우, 각 나라에서 실제로 읽히는 발음을 기준으로 하여 한국어로 그 발음을 표기하였다.

예) 尹惠林 → 윤혜림
　　王明 → 왕밍
　　大卫 → 데이빗

차례

■ 머리말
■ 이 책을 학습하기 전에

중국어의 기초 - 한어병음 9
1. 운모(1) - 단운모, 복운모, 비운모
2. 성모
3. 성조 - 제1, 2, 3, 4성과 경성
4. 운모(2) - 결합운모, 권설운모
5. '一'와 '不'의 성조변화

제1과 你好! 안녕하세요! 29
어법 1) 중국어 문장의 어순
　　　2) 인칭대사 익히기

제2과 你最近好吗? 요즘 잘 지내십니까? 43
어법 1) 형용사술어문
　　　2) 주술술어문
　　　3) '吗'를 이용한 의문문

제3과 你叫什么名字? 이름이 무엇입니까? 59
어법 1) 동사술어문
　　　2) 의문사를 이용한 의문문
　　　3) '是'자문

제4과 你去哪儿? 어디에 가십니까? 73
어법 1) 정반의문문
　　　2) 연동문
　　　3) 구조조사 '的'

제5과 今天几号? 오늘이 며칠입니까? 89
어법 1) 명사술어문
　　　2) '吧'를 이용한 의문문
　　　3) 선택의문문

제6과 我家有四口人。 우리 가족은 네 명입니다. 105
어법 1) '有'자문
　　　2) 어기조사 '了'(1)
　　　3) 개사구조와 개사 '在'

■ 부록 121
· 본문해석
· 연습문제 정답
· 색인 - 본문어휘 색인/보충어휘 색인

- ❶ 尹惠林　윤혜림, 한국인 여학생
- ❷ 金在旭　김재욱, 한국인 남학생
- ❸ 王　明　왕밍, 중국인 남학생
- ❹ 张　兰　장란, 중국인 여학생
- ❺ 王老师　왕 선생님, 중국인 교수

중국어의 기초
한어병음

중국어는 각 글자마다 고유의 음을 갖고 있는데, 이를 음절(音节)이라 한다. 예를 들어 '汉语'는 'hàn'과 'yǔ'라는 두 개의 음절로 구성되어 있다. 중국어의 음절은 성모(声母)와 운모(韵母), 성조(声调)로 구성되며, 이 세 가지를 통틀어 '한어병음(汉语拼音)'이라 부른다. '성모'란 음절 첫 부분의 자음을 가리키며, 나머지 부분을 '운모'라 한다.

1 운모(1)

단운모, 복운모, 비운모

중국어의 운모는 총 36개로, 6개의 단운모와 4개의 복운모, 5개의 비음운모, 20개의 결합운모, 그리고 1개의 권설운모로 나뉜다.

운모표

		i	u	ü	
단운모	a	ia	ua		
	o		uo		
	e	ie		üe	
복운모	ai		uai		결합운모
	ei		uei(ui)		
	ao	iao			
	ou	iou(iu)			
비음운모	an	ian	uan	üan	
	en	in	uen(un)	ün	
	ang	iang	uang		
	eng	ing	ueng		
	ong	iong			
권설운모	er(r)				

1. 단운모   Track 02~04

a ▸ 입을 크게 벌리고 우리말의 '아'처럼 발음한다. 혀의 위치는 아주 낮다.

o ▸ '오'와 '어'의 중간발음이라고 할 수 있다. 혀의 위치는 a보다는 높고 u보다는 낮다.

e ▸ 우리말의 '어'를 발음할 때 그 앞에 '으'를 짧게 넣은 것처럼 발음한다. e는 '으'에 가까운 음색을 띠고 있으므로 '어'로 발음하지 않도록 주의해야 한다.
e가 i, ü와 결합하면 우리말의 '에'처럼 발음된다.

i ▸ 입술은 옆으로 길게 벌리고 우리말의 '이'처럼 발음한다.
-i [ɿ] : z, c, s 뒤에 쓰인 -i 는 혀끝 앞소리로, [i]로 읽어서는 안 된다.
-i [ʅ] : zh, ch, sh, r 뒤에 쓰인 -i 는 혀끝 뒤소리로, [i]로 읽어서는 안 된다.

u ▸ 입을 아주 작고 둥글게 벌리고 우리말의 '우'처럼 발음한다.

ü ▸ [i]음을 발음하면서 혀를 움직이지 않고 입술을 동그랗게 오므리면 ü음이 된다. 우리말의 '위'와 비슷하나, 발음할 때 입술이 움직이면 안 된다. 한국인이 주의해야 하는 발음 중 하나이다. j, q, x 뒤에 쓰이면 ü 위의 두 점을 생략한다.

xunlian 각 운모의 발음에 주의하면서 녹음을 반복해서 들으시오.

 bàba 아빠    bómǔ 큰어머니    fǎlǜ 법률    sījī 운전기사

 jìdù 질투하다    nǚshì 여사    gēbo 팔    chìzé 꾸짖다

| 11

2. 복운모

ai ▶ 우리말의 '아이'처럼 발음한다. i 는 짧고 약하게 발음한다.

ei ▶ 우리말의 '에이'처럼 발음한다. i 는 짧고 약하게 발음한다.

ao ▶ 우리말의 '아오'처럼 발음한다. o는 짧고 약하게 발음한다.

ou ▶ 우리말의 '어우'처럼 발음한다. 전반부를 '오'로 발음하지 않도록 주의한다.

xunliàn 각 운모의 발음에 주의하면서 녹음을 반복해서 들으시오.

  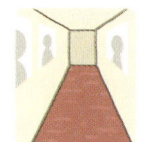

bēi'āi 슬프다   zāogāo 망치다   lóudào 복도, 회랑

dǎoméi 재수 없다   chóubào 사례하다   nàocái 돈을 벌다

3. 비운모

an en ang eng ong

an ▶ '안경'의 '안'처럼 발음한다.

en ▶ '언니'의 '언'처럼 발음한다.

ang ▶ '원앙'의 '앙'처럼 발음한다.

eng ▶ '엉덩이'의 '엉'처럼 발음한다.

ong ▶ '영웅'의 '웅'과 비슷하게 발음한다. '옹'과 '웅'의 중간발음이다.

xunlian 각 운모의 발음에 주의하면서 녹음을 반복해서 들으시오.

kànzhòng 마음에 들다

chóngféng 재회하다

ménglóng 어렴풋하다

shāngrén 상인, 장사꾼

hěn pàng 매우 뚱뚱하다

āngzāng 더럽다

kǒnglóng 공룡

tānlán 탐욕스럽다

2 성모

성모표

양순음(双唇音)	b	p	m	
순치음(唇齿音)		f		
설첨음(舌尖中音)	d	t	n	l
설근음(舌根音)	g	k	h	
설면음(舌面音)	j	q	x	
설첨후음(舌尖后音)	zh	ch	sh	r
설첨전음(舌尖前音)	z	c	s	

한국어에서 'ㄱ'을 '기역'이라고 읽는 것처럼, 중국어의 성모도 단독으로 읽을 때 각각의 읽는 방법을 갖고 있다. 아래의 도표를 보자.

b	p	m
	f	

→ + o

d	t	n	l
g	k	h	

→ + e

j	q	x	
zh	ch	sh	r
z	c	s	

→ + i

위 표에서 알 수 있듯이, b, p, m, f를 단독으로 읽을 때에는 '-o'를, d, t, n, l, g, k, h를 읽을 때에는 '-e'를 붙여서 발음한다. 마지막 3행의 경우 발음시 주의해야 하는데, 모두 '-i'를 붙여 발음하지만 j, q, x 뒤에서는 [i]로, zh, ch, sh, r 뒤에서는 [ʅ]로, z, c, s 뒤에서는 [ɿ]로 발음된다.

1. 양순음과 순치음, 설첨음 Track 05~07

b p m f d t n l

b ▶ 양순음은 두 입술을 닫았다가 벌리면서 이루어지는 마찰에 의해 나는 소리이다. b는 우리말의 'ㅃ'에 가까운 소리로, 'ㅂ'보다 강하게 발음된다.

p ▶ 우리말의 'ㅍ'에 가까운 소리이지만, 공기가 더 세게 빠져나가는 느낌이 들어야 한다.

m ▶ 우리말의 'ㅁ'에 가까운 소리로, 콧소리가 포함된다.

f ▶ 순치음은 윗니와 아랫입술의 마찰에 의해 나는 소리이다. 영어의 [f]와 같이 발음한다.

d ▶ 설첨음은 혀끝과 이빨의 마찰에 의해 나는 소리이다. d는 우리말의 'ㄸ'에 가까운 소리로, 'ㄷ'보다 강하게 발음된다.

t ▶ 우리말의 'ㅌ'에 가까운 소리이지만, 공기가 더 세게 빠져나가는 느낌이 들어야 한다.

n ▶ 우리말의 'ㄴ'에 가까운 소리로, 콧소리가 포함된다.

l ▶ 우리말의 'ㄹ'에 가까운 소리이다.

---

xunlian 각 성모의 발음에 주의하면서 녹음을 듣고 따라하시오.

 dǎdòng 감동시키다

 fēngfù 풍부하다

 máfan 번거롭다

 bú pà 두렵지 않다

 tóngbàn 동료, 짝

 nìfan 싫증나다, 질리다

 láodòng 일하다

 làngmàn 낭만적이다

2. 설근음과 설면음

g ▶ 설근음은 혀의 뒷뿌리와 입천장 안쪽의 마찰에 의해 나는 소리이다. g는 우리말의 'ㄲ'에 가까운 소리로, 'ㄱ'보다 강하게 발음된다.

k ▶ 우리말의 'ㅋ'에 가까운 소리이다.

h ▶ 우리말의 'ㅎ'에 가까운 소리지만, 공기가 더 강하게 빠져나와야 한다.

j ▶ 혓바닥 앞부분을 입천장에 대고 혀끝을 아랫니 뒤에 댄 상태에서 기류를 혀와 입천장사이로 마찰시켜 내보낸다. '지구'의 'ㅈ'처럼 발음하되, 입을 옆으로 더 길게 벌린다.

q ▶ 발음 방법은 j와 같지만 기류를 더 강하게 내보낸다. '치약'의 'ㅊ'처럼 발음한다.

x ▶ 혓바닥 앞부분을 입천장에 가까이 가져간 상태에서 기류를 내보내며 발음한다. '시소'의 'ㅅ'처럼 발음한다.

xunlian 각 성모의 발음에 주의하면서 녹음을 듣고 따라하시오.

xǔkě 허락하다　　**kǒngjù** 두려워하다　　**hūxī** 호흡하다　　**qúgōu** 도랑

gūji 소곤거리다　　**kěxī** 안타깝다　　**qūgǎn** 쫓아버리다　　**gǎngkǒu** 항구

3. 설첨후음과 설첨전음

zh ch sh r z c s

zh ▶ 혀끝을 뒤로 말아올려 입천장에 댄 상태에서 기류를 마찰시켜 내보내며 소리를 낸다. 혀를 말아올려 발음한다 하여 '권설음'이라 한다.

ch ▶ 발음 부위와 방법은 zh와 같지만 기류를 더 강하게 내보낸다.

sh ▶ 혀끝을 뒤로 말아올려 입천장에 가까이 가져간 상태에서 기류를 그 틈 사이로 마찰시켜 내보낸다.

r ▶ 발음하는 방법은 sh와 비슷하나, 성대를 진동시키며 소리를 낸다.

z ▶ 혀를 반듯이 펴서 윗니 뒤의 입천장에 대고 혀끝은 아랫니 뒷부분에 댄 상태로 기류를 강하게 내보내서 마찰시켜 소리를 낸다. 혀끝을 펴서 소리를 낸다 하여 '평설음'이라고도 한다.

c ▶ 발음 부위와 방법은 z와 같지만 기류를 더 강하게 내보낸다.

s ▶ 발음 부위와 방법은 z와 같지만 혓바닥을 입천장에 대지 않고 가까이 가져간 상태에서 기류를 내보내 마찰시켜 소리를 낸다.

xunliam 각 성모의 발음에 주의하면서 녹음을 듣고 따라하시오.

 **zázhì** 잡지

 **shísì** 14

 **chīcù** 질투하다

 **sǎochú** 청소하다

 **zhēnsī** 비단, 본견

 **chǎngzhǎng** 공장장

 **shànzi** 부채

 **cèzi** 책

3 성조
제1, 2, 3, 4성과 경성

1. 중국어의 4성   Track 08~10

중국어는 성조가 있는 언어이다. 중국어의 발음에는 기본적으로 4가지의 성조가 있으며 각각 '¯ ˊ ˇ ˋ'의 부호로 구분하여 표시한다.

성조는 의미를 변별해주는 역할을 한다. 따라서 성조가 다르면 의미도 달라진다.

예

mā 妈 어머니   má 麻 삼,대마   mǎ 马 말   mà 骂 욕하다

각 성조의 음높이는 다음 도표와 같다.

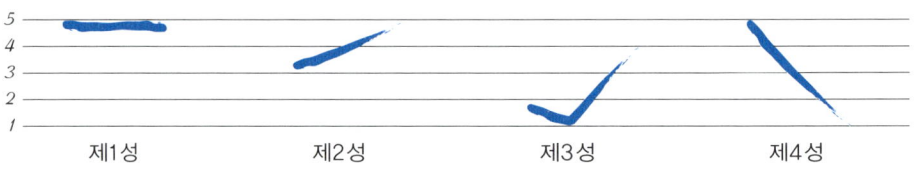

하나의 음절에 한 개의 모음만 있을 경우, 성조부호는 그 모음 위에 표기한다. 이때, 모음 i 위에 성조부호가 있을 경우에는 nǐ 의 경우처럼 i 위의 점을 없애야 한다.
한 음절에 두 개 혹은 그 이상의 모음이 있을 경우에 성조부호는 주요모음 위에 표기해야 한다. 주요모음의 순서는 a → e, o → i, u, ü이다. 예를 들면 lái, kǒu, xuě 등과 같다.

xunlian 녹음을 들으면서 각 성조에 주의하여 큰소리로 따라 읽으시오.

(1) fēi   féi   fěi   fèi   ⇨ fēicháng 매우
(2) chū   chú   chǔ   chù   ⇨ chǔlǐ 처리하다
(3) rāng ráng   rǎng   ràng   ⇨ ràngbù 양보하다
(4) shī   shí   shǐ   shì   ⇨ shítáng 식당
(5) bāo   báo   bǎo   bào   ⇨ bàodá 보답하다
(6) zhōu zhóu   zhǒu   zhòu   ⇨ zhōuwéi 주위
(7) zāo   záo   zǎo   zào   ⇨ zāogāo 망치다

2. 제3성의 변화

(1) 두 개의 제3성 음절이 연이어 나올 경우, 앞에 나오는 음절은 제2성으로 바뀐다.

　　예　nǐ hǎo → ní hǎo　　　　　　wǔbǎi → wúbǎi

(2) 제3성자가 제1, 2, 4성과 대부분의 경성 앞에 놓이면 '반3성'으로 발음한다. '반3성'이란 제3성의 절반, 즉 제3성 앞부분의 내려가는 부분까지만 발음하는 것을 의미한다.

　　예　běijīng　　　qǐlái
　　　　kěbù　　　　hǎo le

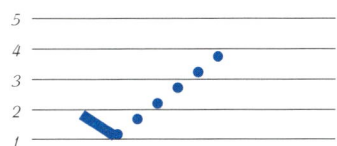

주의　제3성의 변화는 발음상의 변화이므로, 표기할 때에는 원래대로 제3성으로 표기한다.

---

xunlian　녹음을 들으면서 제3성의 변화에 주의하여 큰소리로 따라 읽으시오.

(1) 제3성 + 제3성 → 제2성 + 제3성

　　xǐzǎo　　　　　　měihǎo　　　　　　qǐzǎo
　　dǎrǎo　　　　　　zhǐhǎo　　　　　　lǐjiě

(2) 제3성 + 제1, 2, 4성

　① 제3성 + 제1성
　　dǎjī　　　　　　　hěn gāo　　　　　zǒngzhī

　② 제3성 + 제2성
　　gǎnjí　　　　　　fǎncháng　　　　　qǐchéng

　③ 제3성 + 제4성
　　kěshì　　　　　　hǎoshì　　　　　　chǒng'ài

3. 경성

중국어에는 짧고 약하게 발음하는 음이 있는데 이것을 경성이라고 한다. 경성은 모음 위에 아무런 부호도 표시하지 않는다.

예 gēge   dìdi   xièxie

경성의 높이는 앞에 있는 음절의 성조에 따라 결정된다. 각각의 높이는 다음과 같다.

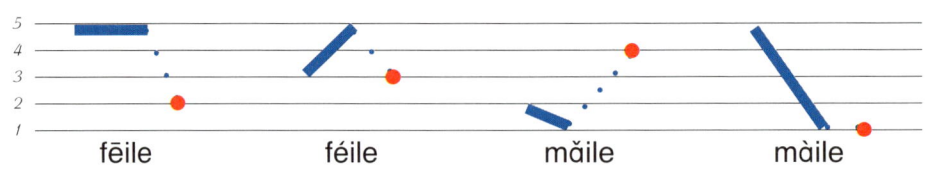

xunlian 녹음을 들으면서 경성에 주의하여 큰소리로 따라 읽으시오.

(1) 제1성 + 경성

gēge   xīhan   dōngxi   zhīshi

(2) 제2성 + 경성

láile   tóufa   shéngzi   júzi

(3) 제3성 + 경성

nǚde   zǒuzhe   zhěntou   yǐzi

(4) 제4성 + 경성

lìqi   làde   zhàngfu   àiren

4 운모(2)
결합운모, 권설운모

1. 'i'와 결합하는 결합운모

ia　ie　iao　iou(iu)
ian　in　iang　ing　iong

- i로 시작되는 운모 앞에 자음이 오지 않는 경우, i는 y로 바꿔 적어야 한다.
  → ya, ye, yao, you, yan, yang, yong

- 단, i 나 in, ing이 단독으로 음절을 이룰 경우에는 그 앞에 y를 덧붙여야 한다.
  → yi, yin, ying

- iou가 자음과 합쳐지면 가운데 모음인 o를 생략하여 -iu로 쓴다. 성조부호는 뒷모음 u 위에 표기한다. 예를 들면 jiǔ, xiù 등과 같다.

xunliàn 각 운모의 발음에 주의하면서 녹음을 듣고 따라하시오.

 mǐnjié 민첩하다

 pīnmìng 필사적으로 하다

 piàoliang 예쁘다

 diūliǎn 창피하다

 xiūyè 휴업하다

 yǎnjìng 안경

 yǒu qián 돈이 많다

 yīlǐng 옷깃

2. 'u'와 결합하는 결합운모

ua   uo   uai   uei(ui)
uan   uen(un)   uang   ueng

- u로 시작되는 운모 앞에 자음이 오지 않는 경우, u는 w로 바꿔 적어야 한다.
  → wa, wo, wai, wei, wan, wen, wang, weng

- 단, u가 단독으로 음절을 이룰 경우에는 그 앞에 w를 덧붙여야 한다.
  → wu

- uei 나 uen이 자음과 함께 쓰이면 가운데 모음인 e는 생략된다. 이 경우 uei 가 ui 로 바뀌면 성조 부호는 뒷모음 i 위에 표기한다. 예를 들면 huí, shuǐ, dūn, shùn 등과 같다.

xunlian 각 운모의 발음에 주의하면서 녹음을 듣고 따라하시오.

shuōhuà 말하다

luòtuo 낙타

huīhuáng 휘황찬란하다

zuǐchún 입술

wūguī 거북이

wàihuì 외화

wēnnuǎn 따뜻하다

wěizhuāng 가장하다

3. 'ü'와 결합하는 결합운모

üe üan ün

- j, q, x가 ü나 ü로 시작하는 운모와 함께 쓰이면 위의 두 점은 생략된다. 예를 들면 jùzi, xuéxí 등과 같다.

- ü가 단독으로 쓰이거나 ü로 시작되는 운모 앞에 자음이 오지 않는 경우, ü는 yu로 바꿔 적어야 한다.
  → yu, yue, yuan, yun

xunlian 각 운모의 발음에 주의하면서 녹음을 듣고 따라하시오.

quánqū 웅크리다

xuǎnjǔ 선거

jùjué 거절하다

yǔxuě 진눈깨비

yuèyá 초승달

yūnxuàn 어질어질하다

4. 권설운모 'er'과 '儿화'

er ▷ 혀끝을 입천장쪽으로 말듯이 하면서 우리말의 '얼'처럼 발음한다. 이때 혀끝이 입천장에 닿지 않도록 해야 한다.

■ 儿화 (儿化)

er은 늘 다른 운모와 결합하여 그 운모를 儿화 운모로 만든다. 儿화 운모를 적는 방법은 원래 운모 뒤에 −r을 붙이는 것이다. 예를 들면 wánr, huār 등과 같다.

중국어로 쓸 때는 '儿'을 쓴다. '儿'은 자체로 음절을 이룰 수 없으며, 오로지 다른 음절의 뒤에 결합되어 끝 운모를 권설운모로 만드는 역할을 한다.

xunlian 儿화에 주의하면서 녹음을 듣고 따라하시오.

huàr 그림

pír 외피, 껍질

xiǎohái r 어린이

wánr 놀다

5 '一'와 '不'의 성조변화

Track 15

1. '一(yī · 하나)'의 성조변화

    (1) '一'가 제1, 2, 3성자 앞에 놓이면 제4성 'yì'로 읽는다.
       예 yìtiān (一天)   yìnián (一年)   yìqǐ (一起)

    (2) '一'가 제4성자 또는 제4성이 변해서 된 경성자 앞에 놓이면 제2성 'yí'로 읽는다.
       예 yíkuài (一块)   yíge (一个)

2. '不(bù · ~이 아니다)'의 성조변화

    (1) '不'가 제1, 2, 3성자 앞에 놓이면 원래 성조 그대로 제4성 'bù'로 읽는다.
       예 bùxīn (不新)   bùlái (不来)   bùhǎo (不好)

    (2) '不'가 제4성자 또는 제4성이 변해서 된 경성자 앞에 놓이면 제2성 'bú'로 읽는다.
       예 búxiè (不谢)   búshi (不是)

    주의 '一'와 '不'의 성조변화는 표기할 때에도 바뀐 성조로 표기한다.

---

xunlian '一'와 '不'의 성조변화에 주의하면서 녹음을 듣고 따라하시오.

(1) ① '一' + 제1성   yìbān   yìxīn   yìzhī   yìzhōu
    ② '一' + 제2성   yìzhí   yìpíng   yìlián   yìshí
    ③ '一' + 제3성   yìqǐ   yìbǎ   yìlǎnzi yìkǒu
    ④ '一' + 제4성   yíguàn   yídìng   yícì   yílù

(2) ① '不' + 제1성   bùzhī   bùtīng   bùshū   bùxiū
    ② '不' + 제2성   bùlái   bùxíng   bùchí   bùhé
    ③ '不' + 제3성   bùzhǐ   bùxiǎng bùgǎn   bùwǎn
    ④ '不' + 제4성   búqù   bújì   búzài   búlùn

한어병음자모배합표(普通话声韵配合总表)

	a	o	e	i	-i	u	ü	ai	ei	ao	ou	an	en	ang	eng	ong	ia	iao	ie
b	ba	bo		bi		bu		bai	bei	bao		ban	ben	bang	beng			biao	bie
p	pa	po		pi		pu		pai	pei	pao	pou	pan	pen	pang	peng			piao	pie
m	ma	mo	me	mi		mu		mai	mei	mao	mou	man	men	mang	meng			miao	mie
f	fa	fo				fu			fei		fou	fan	fen	fang	feng				
d	da		de	di		du		dai	dei	dao	dou	dan	den	dang	deng	dong		diao	die
t	ta		te	ti		tu		tai		tao	tou	tan		tang	teng	tong		tiao	tie
n	na		ne	ni		nu	nü	nai	nei	nao	nou	nan	nen	nang	neng	nong		niao	nie
l	la	lo	le	li		lu	lü	lai	lei	lao	lou	lan		lang	leng	long	lia	liao	lie
g	ga		ge			gu		gai	gei	gao	gou	gan	gen	gang	geng	gong			
k	ka		ke			ku		kai	kei	kao	kou	kan	ken	kang	keng	kong			
h	ha		he			hu		hai	hei	hao	hou	han	hen	hang	heng	hong			
j				ji			ju										jia	jiao	jie
q				qi			qu										qia	qiao	qie
x				xi			xu										xia	xiao	xie
zh	zha		zhe		zhi	zhu		zhai	zhei	zhao	zhou	zhan	zhen	zhang	zheng	zhong			
ch	cha		che		chi	chu		chai		chao	chou	chan	chen	chang	cheng	chong			
sh	sha		she		shi	shu		shai	shei	shao	shou	shan	shen	shang	sheng				
r			re		ri	ru				rao	rou	ran	ren	rang	reng	rong			
z	za		ze		zi	zu		zai	zei	zao	zou	zan	zen	zang	zeng	zong			
c	ca		ce		ci	cu		cai		cao	cou	can	cen	cang	ceng	cong			
s	sa		se		si	su		sai		sao	sou	san	sen	sang	seng	song			
∅	a	o	e	yi		wu	yu	ai		ao	ou	an	en	ang	eng		ya	yao	ye

	iu	ian	in	iang	ing	iong	ua	uo	uai	ui	uan	un	uang	ueng	üe	üan	ün	er
		bian	bin		bing													
		pian	pin		ping													
	miu	mian	min		ming													
	diu	dian			ding			duo		dui	duan	dun						
		tian			ting			tuo		tui	tuan	tun						
	niu	nian	nin	niang	ning			nuo			nuan				nüe			
	liu	lian	lin	liang	ling			luo			luan	lun			lüe			
							gua	guo	guai	gui	guan	gun	guang					
							kua	kuo	kuai	kui	kuan	kun	kuang					
							hua	huo	huai	hui	huan	hun	huang					
	jiu	jian	jin	jiang	jing	jiong									jue	juan	jun	
	qiu	qian	qin	qiang	qing	qiong									que	quan	qun	
	xiu	xian	xin	xiang	xing	xiong									xue	xuan	xun	
							zhua	zhuo	zhuai	zhui	zhuan	zhun	zhuang					
							chua	chuo	chuai	chui	chuan	chun	chuang					
							shua	shuo	shuai	shui	shuan	shun	shuang					
							rua	ruo		rui	ruan	run						
								zuo		zui	zuan	zun						
								cuo		cui	cuan	cun						
								suo		sui	suan	sun						
	you	yan	yin	yang	ying	yong	wa	wo	wai	wei	wan	wen	wang	weng	yue	yuan	yun	er

1

你好!

안녕하세요!

이 과의 학습포인트
1. 중국어로 인사나누기
2. 중국어 문장의 어순
3. 인칭대사 익히기

Key Expressions   Track 16

你好!   안녕하세요!
再见!   안녕히 가세요(계세요)!

Step 1 : 기본회화 익히기

[회화1] 만났을 때 인사하기

尹惠林 : **你好!**
Nǐ hǎo!

王　明 : **你好!**
Nǐ hǎo!

[단어]　尹惠林　Yǐn Huìlín　고유 윤혜림 [인명]　　你　nǐ　대 당신, 너
　　　　好　hǎo　형 안녕하다, 건강하다, 좋다　　你好　nǐ hǎo　안녕하세요
　　　　王明　Wáng Míng　고유 왕밍 [인명]

TIGAO SHUIPING

■ 你好!

"你好!"는 사람을 만났을 때 가장 일반적으로 하는 인사말이다. 언제 어디서나 신분에 관계없이 사용할 수 있다. 상대방도 "你好!"로 대답한다. 어른이나 지위가 높은 사람에게는 "您好!"를 많이 쓴다.

[회화2] **아침에 만났을 때 인사하기**

王老师: **你们早!**
Nǐmen zǎo!

尹惠林、王明: **老师, 您早!**
Lǎoshī, nín zǎo!

[단어]
王 Wáng 고유 왕 [성]
早 zǎo 형 안녕하세요(아침 인사)
您 nín 대 '你'의 존칭
你们 nǐmen 대 너희들, 당신들
老师 lǎoshī 명 선생님

TIGAO SHUIPING

■ 你早!

"你早!"는 아침에 만났을 때 하는 인사로, '你'의 위치에 호칭을 나타내는 다른 표현을 넣어 "你们早!", "老师早!", "妈妈(māma·엄마)早!" 등으로 인사할 수 있다. 앞의 호칭을 빼고 "早!"라고만 하기도 한다.

[회화3] **헤어질 때 인사하기**

王老师 : **同学们，再见！**
　　　　Tóngxuémen, zàijiàn!

尹惠林、王明 : **王老师，再见！**
　　　　　　　Wáng lǎoshī, zàijiàn!

[단어]　同学　tóngxué　때 학생, 같은 반 친구　　　们　men　접미 ~들
　　　　再见　zàijiàn　통 안녕히 계세요 / 가세요 (헤어질 때의 인사말)

TIGAO SHUIPING

'们'은 복수를 나타내는 접미사로, 사람을 지칭하는 명사나 대명사의 뒤에 쓰인다. 예를 들면 '你们', '我们', '老师们', '学生(xuésheng·학생)们' 등과 같다. (Step4 참조)

Step 2 : 주요표현 따라잡기 Track 23

■ 자주 쓰이는 인사 표현

1 만났을 때

2 헤어질 때

3 아침에 만났을 때

4 윗사람이나 처음보는 사람과 인사할 때

5 잘 자라고 인사할 때

6 다음날 다시 만날 예정으로 헤어질 때

Step 3 : 어법 포인트 콕콕 찍어주기

❶ 중국어 문장의 어순

중국어에는 형태변화가 잘 발달되어 있지 않다. 즉, 시제나 인칭, 성(性), 수(數), 혹은 문장에서 어느 위치에 쓰이는 지에 따라 형태가 바뀌지 않는다. 그렇기 때문에 중국어에서는 '어순'이 주요한 문법적 수단이 된다. 중국어 문장의 기본적인 구조는 「주어+술어」이고, 목적어는 동사의 뒤에 놓인다.

1 **동사술어문(动词谓语句)** : 술어의 주요성분이 동사인 문장.
  예 주어+동사　　我去。
  　주어+동사+목적어　　我去银行。

2 **형용사술어문(形容词谓语句)** : 술어의 주요성분이 형용사인 문장.
  예 주어+부사어+형용사　　我很好。

Step 4 : 관련어휘로 기초 다지기 Track 24

사람이나 사물의 명칭을 대신해서 가리키는 말을 인칭대사라고 합니다. 다음 인칭대사를 익혀두세요.

	단수	복수
1인칭	我(wǒ · 나)	我们(wǒmen · 우리들)
2인칭	你(nǐ · 너) 您(nín · 당신)	你们(nǐmen · 너희들, 당신들)
3인칭	他(tā · 그) 她(tā · 그녀) 它(tā · 그것)	他们(tāmen · 그들) 她们(tāmen · 그녀들) 它们(tāmen · 그것들)

✚ 我 wǒ 나 / 去 qù 가다 / 银行 yínháng 은행 / 很 hěn 매우 / 学校 xuéxiào 학교 / 可爱 kě'ài 귀엽다 / 饭 fàn 밥, 식사 / 吃 chī 먹다 / 房间 fángjiān 방 / 干净 gānjìng 깨끗하다

 **Step 5 :** 이렇게 저렇게 말해보기　Track 25

1　你
　　您
　　你们　　好！
　　老师
　　妈妈

2　你
　　您
　　你们　　早！
　　老师
　　爸爸

3　老师,　再见！
　　　　　明天见！

○ 爸爸 bàba 아빠

 **Step 6 : 발음 클리닉** Track 26

1 운모연습 uo, ou, uai, uei 의 발음에 주의할 것.

kǒudài(口袋) - kuòdà(扩大)   tóufa(头发) - tuōfú(托福)

chǒushì(丑事) - cuòshī(措施)   yīguì(衣柜) - yòuguǎi(右拐)

huáibào(怀抱) - huíbào(回报)   shuāidǎo(摔倒) - shuǐguǒ(水果)

2 성모연습 b, p, f 의 발음에 주의할 것.

bàoqiàn(抱歉) - pàocài(泡菜)   guǎngbō(广播) - guāngfù(光复)

pánzi(盘子) - bànzhuāng(扮装)   bàngqiú(棒球) - pīngpāngqiú(乒乓球)

fójiā(佛家) - pòjiā(破家)   běngliǎn(绷脸) - fēngmiàn(封面)

3 '제1성 + 제1, 2, 3, 4성' 연습

① 제1성+제1성   fēijī(飞机)   cānjiā(参加)   shīshēng(师生)
② 제1성+제2성   Zhōngguó(中国) jiāoliú(交流)   shēnghuó(生活)
③ 제1성+제3성   shēntǐ(身体)   sīxiǎng(思想)   xīnshǎng(欣赏)
④ 제1성+제4성   gōngzuò(工作)   jīhuì(机会)   gāoxìng(高兴)

                                                                        TINGXIE

녹음을 듣고 병음을 써보세요.

(1) _____   (2) _____   (3) _____   (4) _____

Step 7 : 중국어 실력 쑥쑥 키우기 Track 27

1 녹음을 듣고, 각 녹음 내용과 일치하는 그림을 찾으시오.

(1) _____ (2) _____ (3) _____ (4) _____

ⓐ    ⓑ

ⓒ    ⓓ

2 본문에서 배운 내용을 근거로, 다음 빈칸을 채워 대화를 완성하시오.

(1) A : 你好!

　　 B : _____ !

(2) A : 你们早!

　　 B : _____ !

(3) A : _____ !

　　 B : 王老师, 再见!

3 다음 녹음을 듣고 빈칸을 채우시오.

(1) A : 你好!
    B : _____!

(2) A : _____!
    B : 老师好!

(3) A : _____!
    B : 早!

(4) A : _____!
    B : _____!

4 다음 그림에서 한국어로 쓰인 부분을 중국어로 옮기시오.

(1)

(2)

(3)

(4)

5 중국어로 자유롭게 표현하시오.

(1) 두 학생이 인사나누기

(2) 선생님과 학생이 인사나누기

(3) 한 학생과 여러 명의 학생이 인사나누기

중국문화 읽기

중국의 지리적 위치와 행정구획에 대하여

중국은 아시아의 동부, 태평양의 서안에 위치하고 있다. 국토의 총면적은 약 960만㎢로, 세계육지면적의 1/15정도를 차지한다. 그 크기는 유럽의 총면적과 비슷하며, 세계에서 러시아와 캐나다에 이어 세번째이다. 중국 영토의 최북단은 헤이룽쟝성(黑龙江省) 모허(漠河) 이북이고 최남단은 난사군도(南沙群岛)의 청무안사(曾母暗沙)인데, 거의 50도 정도의 위도에 걸쳐 위치하고 있다. 그래서 중국의 둥베이(东北) 지방이 한겨울에 접어들어도 남쪽의 하이난다오(海南岛)는 한여름의 풍경을 잃지 않는다.

▶ 빙등제가 열리고 있는 하얼빈의 야경. 하얼빈의 1월 기온은 영하 20도를 오르내린다.

현재 중국에는 모두 34개의 성급 행정단위가 있는데, 거기에는 23개의 성, 5개의 자치구가 있으며, 베이징(北京), 톈진(天津), 상하이(上海), 충칭(重庆) 등 4개의 직할시와, 홍콩(香港), 아오먼(澳门) 등 2개의 특별행정구가 포함된다.

▶ 중국의 행정구획도

你 nǐ	ノ 亻 亻 亻 竹 你 你

好 hǎo	乆 女 奵 好

们 們·men	ノ 亻 亻 们 们

师 師·shī	丨 丿 丿 𠂉 师 师

学
學 · xué

丶 丶 丷 丷 ⺍ 兴 学 学

学	学	学			

再
zài

一 ㄏ 冂 币 再

再	再	再			

见
見 · jiàn

丨 冂 贝 见

见	见	见			

我
wǒ

丿 一 于 手 我 我 我

我	我	我			

2

你最近好吗?
요즘 잘 지내십니까?

이 과의 학습포인트
1. 안부묻는 표현
2. 형용사술어문
3. 주술술어문
4. '吗'를 이용한 의문문

Key Expressions — Track 28

你最近好吗?	요즘 잘 지내십니까?
我身体很好。	저는 건강이 매우 좋습니다.
好久不见!	오랜만이네요!

 **Step 1 :** 기본회화 익히기

[회화1] **안부묻기**

张 兰: 你最近好吗？
　　　Nǐ zuìjìn hǎo ma?

金在旭: 我很好！你呢？
　　　Wǒ hěn hǎo! Nǐ ne?

张 兰: 我也很好。谢谢！
　　　Wǒ yě hěn hǎo. Xièxie!

[단어]　张兰　Zhāng Lán　고유 장란 [인명]　　最近　zuìjìn　명 요즘, 최근
　　　　吗　ma　조 (의문을 나타내는 어기조사)　金在旭　Jīn Zàixù　고유 김재욱 [인명]
　　　　我　wǒ　대 나, 저　　　　　　　　　　很　hěn　부 아주
　　　　呢　ne　조 (의문을 나타내는 어기조사)　也　yě　부 ～도
　　　　谢谢　xièxie　감사합니다

　　　　　　　　　　　　　　　　　　　　TIGAO SHUIPING

"你呢?"에서 의문조사 '呢'는 '～는요?'라는 뜻으로, 앞에서 언급한 화제를 이어받아 다시 상대방에게 역질문하는 역할을 한다. 예를 들어, "我很好, 你呢?"에서 "你呢?"는 "你(最近)好吗?", 즉 "당신도 잘 지내십니까?"라는 의미가 된다.

[회화2] 오랜만에 만난 사람에게 안부묻기

尹惠林： **好久不见，你忙吗？**
　　　　Hǎo jiǔ bú jiàn, nǐ máng ma?

金在旭： **我很忙，你呢？**
　　　　Wǒ hěn máng, nǐ ne?

尹惠林： **我不忙。**
　　　　Wǒ bù máng.

[단어]　好久不见　hǎo jiǔ bú jiàn　오랜만입니다
　　　　忙　máng　형 바쁘다
　　　　不　bù　부 아니다, ~(하)지 않다

TIGAO SHUIPING

중국어에서 부정부사 '不'는 동사나 형용사 혹은 다른 부사의 앞에 쓰여 부정하는 역할을 한다.

忙　　不忙　　累(lèi·피곤하다)　　不累　　去　　不去

요즘 잘 지내십니까? | 45

[회화3] **주위사람의 안부묻기**

张 兰: 你爸爸、妈妈身体好吗？
Nǐ bàba、māma shēntǐ hǎo ma?

王 明: 他们都很好！你爸爸、妈妈呢？
Tāmen dōu hěn hǎo! Nǐ bàba、māma ne?

张 兰: 他们也都很好！
Tāmen yě dōu hěn hǎo!

[단어] 爸爸 bàba 명 아빠
妈妈 māma 명 엄마
身体 shēntǐ 명 몸, 신체, 건강
他们 tāmen 대 그들
都 dōu 부 다, 모두

TIGAO SHUIPING

■ 他们也都很好。

부사 '也'와 '都'는 동사와 형용사 앞에 쓰여 부사어가 된다. 두 부사가 같이 나올 때에는 '也'를 앞에 써 준다.
① 最近我不忙，他也不忙。
② 我很好，他也很好，我们都很好。
③ 我们很忙，他们也都很忙。

 **Step 2 : 주요표현 따라잡기** Track 35

■ 관용적으로 쓰이는 인사표현

1 기본인사

안녕하세요! / 안녕하세요!

2 고마움을 나타내는 표현

고맙습니다! / 천만에요!

3 미안함을 나타내는 표현

미안합니다! / 괜찮습니다.

4 헤어질 때의 인사말

안녕히 가세요! / 안녕히 가세요!

Step 3 : 어법 포인트 콕콕 찍어주기

① 형용사술어문(形容词谓语句)

형용사술어문이란 술어의 주요성분이 형용사인 문장으로, 사물을 묘사하거나 평가하는 역할을 한다. 그 기본적인 구조는 다음과 같다.

긍정형	주어	술어		부정형	주어	술어	
	我	很	好。		我	不	忙。
	他	也很	忙。		发音	很不	好。

※ ■색은 형용사

긍정문에서 술어인 형용사가 간단할 경우에는, 일반적으로 형용사 앞에 부사 '很'을 써준다. 이때 '很'에는 정도를 나타내는 의미가 거의 없다. 부정문에서는 형용사 앞에 부정부사 '不'를 붙여준다.

② 주술술어문(主谓谓语句)

주어와 술어로 이루어진 구가 다시 술어가 되어 주어를 설명하거나 묘사하는 문장을 주술술어문이라고 한다. 기본적인 구조는 오른쪽과 같다.

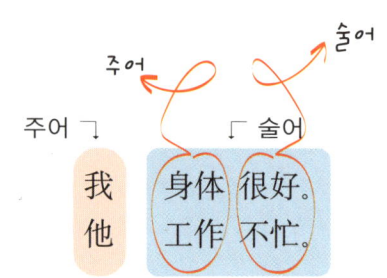

| xunlian | 주어진 제시어를 알맞게 배열하여 주술술어문을 만들어 보시오. |

[보기] 我 / 很 / 身体 / 好 → 我身体很好。

(1) 忙 / 工作 / 很 / 他 → _____

(2) 个子 / 王明 / 高 / 不 → _____

(3) 不 / 她 / 头发 / 长 → _____

3 '吗'를 사용하는 의문문

평서문 끝에 의문조사 '吗'를 붙이면 일반의문문이 된다. 우리말의 '~입니까?'에 해당한다.

평서문	'吗' 의문문
我很好。	你好吗？
他很忙。	他忙吗？
爸爸、妈妈身体很好。	爸爸、妈妈身体好吗？

| xunlian | '吗'를 사용하는 의문문으로 다음 대화를 완성하시오. |

[보기] A : 你忙吗 ?
B : 我不忙。

(1) A : _____ ?
B : 我很累。

(2) A : _____ ?
B : 我学习很好。

(3) A : _____ ?
B : 王明个子不高。

➕ 发音 fāyīn 발음 / 工作 gōngzuò 일(하다) / 个子 gèzi 키 / 高 gāo 크다, 높다 / 头发 tóufa 머리카락 / 长 cháng 길다

 **Step 4 : 관련어휘로 기초 다지기** Track 36

가족관계를 나타내는 다음 어휘를 익혀두세요.

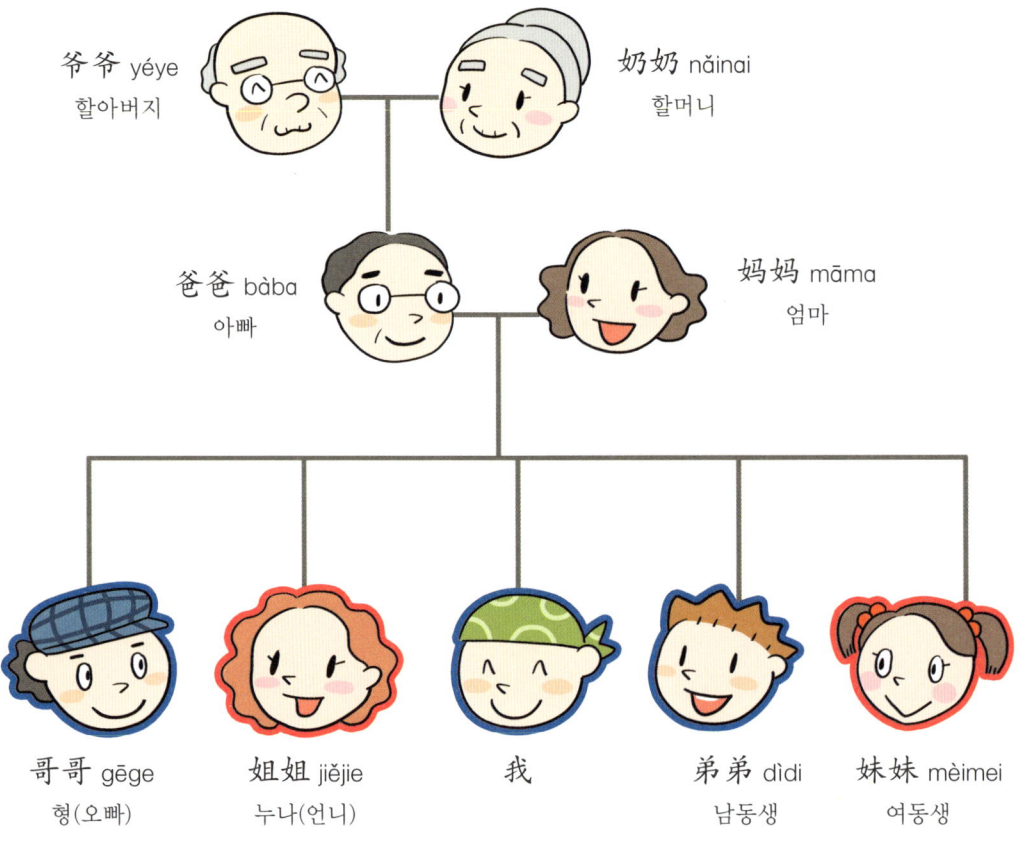

 **Step 5 : 이렇게 저렇게 말해보기** (Track 37)

1
- A 你最近 好/忙 吗？
- B 我 很/不 好。/忙。

2
- A 他很忙, 你们/老师/妹妹 呢？
- B 我们/他/她/她 也很忙。

3
- A 爸爸、妈妈/爷爷、奶奶/老师们 身体好吗？
- B 他们都很好。

4
- A 他 工作忙/个子高 吗？
- B 他 工作/个子 很/不 忙。/高。

 **Step 6 : 발음 클리닉** Track 38

1 운모연습 ie, ü, üe의 발음에 주의할 것.

juésài(决赛) - jièshào(介绍)   qièxiào(窃笑) - qǔxiāo(取消)

jiějie(姐姐) - jiějué(解决)   nièlán(涅蓝) - nǔrén(女人)

lǚxíng(旅行) - lüèxiē(略些)   héxié(和谐) - huáxuě(滑雪)

2 성모연습 g, k, h의 발음에 주의할 것.

guǎnggào(广告) - kuàngkè(旷课)   guàihuà(怪话) - kuàihuo(快活)

hùnluàn(混乱) - kùnnan(困难)   kuíhuā(葵花) - guīhuà(规划)

kūqì(哭泣) - hūxī(呼吸)   liáokuò(辽阔) - liáohuǒ(撩火)

3 '제2성 + 제1, 2, 3, 4성' 연습

① 제2성+제1성   shíjiān(时间)   túshū(图书)   guójiā(国家)
② 제2성+제2성   jítuán(集团)   xuéxí(学习)   qiáoliáng(桥梁)
③ 제2성+제3성   píngguǒ(苹果)   báijiǔ(白酒)   Hányǔ(韩语)
④ 제2성+제4성   chídào(迟到)   jiéshù(结束)   juédìng(决定)

听写   TINGXIE

녹음을 듣고 병음을 써보세요.

(1) _____   (2) _____   (3) _____   (4) _____

 **Step 7 : 중국어 실력 쑥쑥 키우기** (Track 39)

1 녹음을 듣고, 각 녹음 내용과 일치하는 그림을 찾으시오.

　　(1) _____　(2) _____　(3) _____　(4) _____

ⓐ 　　ⓑ

ⓒ 　　ⓓ

2 녹음을 들으면서 다음 빈칸을 채우시오.

　　(1)　A : 你_____?

　　　　B : 我很好。_____?

　　　　A : 我也很好，_____。

　　(2)　A : 你身体好吗?

　　　　B : 很好。

　　　　A : 你_____?

　　　　B : _____。

요즘 잘 지내십니까? | 53

3 다음 빈칸을 채워 넣으시오.

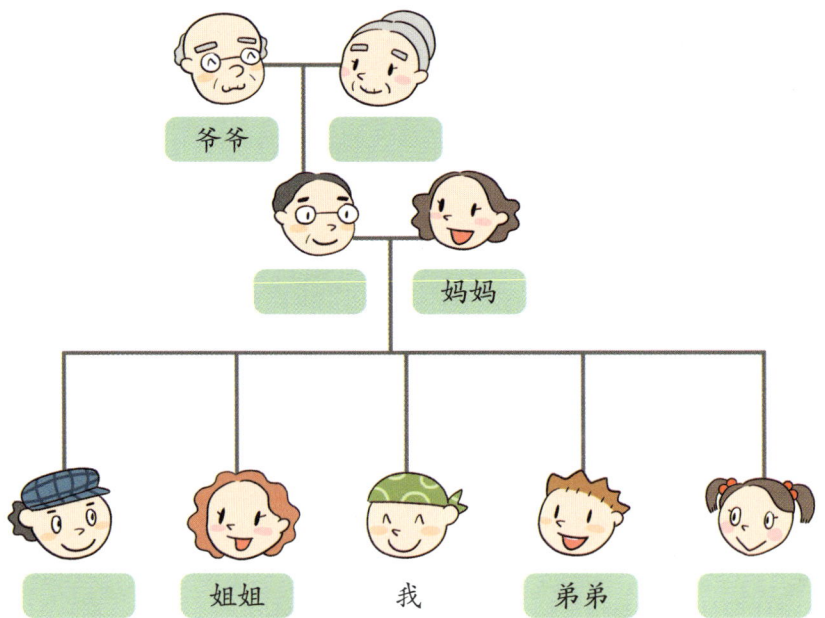

4 '吗'를 사용하는 의문문으로 다음 대화를 완성하시오.

[보기]　A : <u>你好吗</u>　　　　　　？
　　　　B : 我很好。

(1) A : _____ ?
　　B : 我工作不忙。

(2) A : 好久不见, _____ ?
　　B : 我身体很好。

(3) A : _____ ?
　　B : 我爸爸、妈妈都很好。

5 형용사술어문을 이용하여 각 대화를 완성하시오.

[보기]　A : <u>你最近好吗</u>　?
　　　　B : 很好，谢谢。

(1) A : _____ ?
　　B : 我不忙。

(2) A : _____ ?
　　B : 我很累。

(3) A : _____ ?
　　B : 她最近很忙。

6 다음 그림에서 한국어로 쓰인 부분을 중국어로 옮기시오.

(1) → _____

(2) → _____

7 주어진 제시어를 이용하여 옆 사람과 대화를 나누시오.

〈제시어〉 最近　好　忙　不　都　也　身体　好久不见　爸爸　妈妈

중국문화 읽기

중국의 거리풍경에 대하여

중국의 거리풍경이라고 하면 가장 먼저 떠오르는 것이 차도만큼 널찍하게 뻗은 자전거 전용도로를 빽빽히 메우고 있는 자전거 행렬이다. 중국에는 어린아이부터 노인들까지 패달을 굴릴 줄만 알면 누구나 자전거를 가장 중요한 교통수단으로 이용한다. 그래서인지 뒤에서 울리는 자동차의 클락션 소리에도 아랑곳하지 않는 자전거와, 그 뒤를 천천히 쫓아가는 자동차의 모습을 중국에서는 흔히 접할 수 있다.

자전거가 많이 발달한 만큼, 자전거와 관련된 편의시설 또한 많다. 차를 타고 가다보면 어디서나 수십대의 자전거가 주차되어 있는 '자전거주차장(存车场)'을 볼 수 있으며, 골목골목마다 '修车'라는 팻말을 벽에 기대어놓고 머리를 수그리고 자전거를 고치고 있는 자전거수리점 할아버지들의 모습 역시 심심찮게 볼 수 있다.

▶ 중국의 골목마다 쉽게 찾아볼 수 있는 자전거 수리점의 모습

▲독수리연 도시의 하늘을 장식하고 있는 새나 곤충 모양의 연은 중국을 대표하는 거리풍경의 하나이다.

이 외에 유명한 관광지나 공원, 혹은 넓은 광장을 지나다가 머리를 들어보면 새나 곤충, 용 등이 하늘을 아름답게 장식하고 있는 풍경을 볼 수 있다. 중국의 거리풍경을 대표하는 것 중의 하나가 바로 이 연 문화이다.

중국의 연은 종류와 스타일이 매우 다양한데, 새, 짐승, 곤충, 물고기 등의 동물모양 연이 있으며, 또한 손오공과 같은 이야기 속 인물을 소재로 하여 연을 만들기도 한다. 지네나 용 모양의 길다란 연은 길게는 30미터가 넘는 것도 있어, 하늘에 오르면 거대한 몸집으로 춤을 추는 듯 장관을 이룬다.

중국이 연의 고향이기에, 중국 산둥지방에서는 매년 국제 연 날리기 대회가 열린다.

▶ 여러개의 제비연을 엮어 하늘에 날리는 모습

近 · jìn	一 厂 戸 斤 斤 近
吗 · ma	丨 冂 口 吖 吗 吗
hěn	丿 彳 彳 彳 彳 彳 很 很
谢 · xiè	丶 讠 订 训 诮 诮 谢 谢

忙 máng
丨 忄 忄 忙 忙

忙 忙 忙

妈 (媽) mā
㇜ ㄱ 女 妈 妈 妈

妈 妈 妈

体 (體) tǐ
丿 亻 仁 什 休 休 体

体 体 体

都 (都) dōu
一 十 土 耂 耂 者 者 都 都

都 都 都

3

你叫什么名字?
이름이 무엇입니까?

이 과의 학습포인트
1. 성, 이름 소개하기
2. 의문사를 이용한 의문문
3. '是'자문

Key Expressions — Track 40

您贵姓? 성이 어떻게 되십니까?
你叫什么名字? 당신의 이름은 무엇입니까?
认识你很高兴。 만나서 반갑습니다.

Step 1 : 기본회화 익히기　Track 41~46

[회화1]　성씨와 이름 묻고 답하기

张　兰: **老师好！**
　　　　Lǎoshī hǎo!

王老师: **你好！**
　　　　Nǐ hǎo!

张　兰: **老师，您贵姓？**
　　　　Lǎoshī, nín guìxìng?

王老师: **我姓王。你叫什么？**
　　　　Wǒ xìng Wáng. Nǐ jiào shénme?

张　兰: **我叫张兰。**
　　　　Wǒ jiào Zhāng Lán.

[단어]　贵姓　guìxìng　성이 어떻게 되십니까
　　　　姓　xìng　명동 성, 성이 ~이다
　　　　叫　jiào　동 ~라고 부르다
　　　　什么　shénme　대 무엇

　　　　　　　　　　　　　　　　　　　TIGAO SHUIPING

■ 您贵姓？

상대방의 성씨를 물을 때 쓰는 존칭 표현이다. 대답할 때는 "我姓……"라고 해야 하며, "我贵姓……"라고 할 수는 없다. 제삼자의 성씨를 물을 경우에는 "他姓什么？"라고 물어야 하며, "他贵姓?"이라고 할 수 없다.

[회화2] 이름, 국적 묻고 답하기

尹惠林: 你叫什么名字？
Nǐ jiào shénme míngzi?

王 明: 我叫王明，你呢？
Wǒ jiào Wáng Míng, nǐ ne?

尹惠林: 我叫尹惠林。你是哪国人？
Wǒ jiào Yǐn Huìlín. Nǐ shì nǎ guó rén?

王 明: 我是中国人，你呢？
Wǒ shì Zhōngguórén, nǐ ne?

尹惠林: 我是韩国人。
Wǒ shì Hánguórén.

[단어]
名字 míngzi 명 이름
哪 nǎ 대 어느
国 guó 명 나라
人 rén 명 사람
中国 Zhōngguó 고유 중국
韩国 Hánguó 고유 한국

이름이 무엇입니까? | 61

[회화3] **처음 만난 사람과 인사나누기**

尹惠林: 张兰，你好！这是我朋友，大卫。
Zhāng Lán, nǐ hǎo! Zhè shì wǒ péngyou, Dàwèi.

张　兰: 你好！你是美国人吗？
Nǐ hǎo! Nǐ shì Měiguórén ma?

大　卫: 不，我不是美国人，我是英国人。
Bù, wǒ bú shì Měiguórén, wǒ shì Yīngguórén.

张　兰: 认识你很高兴。
Rènshi nǐ hěn gāoxìng.

大　卫: 认识你我也很高兴。
Rènshi nǐ wǒ yě hěn gāoxìng.

[단어]
这 zhè 대 이, 이것
是 shì 동 ～이다
朋友 péngyou 명 친구, 벗
大卫 Dàwèi 고유 데이빗 [인명]
美国 Měiguó 고유 미국
英国 Yīngguó 고유 영국
认识 rènshi 동 알다
高兴 gāoxìng 형 기쁘다

TIGAO SHUIPING

'认识你很高兴.'은 처음 만난 사람에게 반가움을 나타내는 표현이다. 같은 의미로 간단하게 '幸会, 幸会![xìnghuì]'라고 표현할 수 있다.

 **Step 2 : 관련어휘로 기초 다지기**

Track 47

1 다음 지시대사를 익혀두세요.

근칭	这(zhè · 이것, 이)	这儿(zhèr · 여기)
원칭	那(nà · 저것, 그것, 저, 그)	那儿(nàr · 저기, 거기)
의문사	什么(shénme · 무엇), 哪(nǎ · 어느)	哪儿(nǎr · 어디)

2 나라이름을 나타내는 다음 어휘들을 익혀두세요.

俄罗斯 Éluósī 러시아
日本 Rìběn 일본
中国 Zhōngguó 중국
韩国 Hánguó 한국
德国 Déguó 독일
英国 Yīngguó 영국
法国 Fǎguó 프랑스
伊拉克 Yīlākè 이라크
美国 Měiguó 미국

이름이 무엇입니까? | 63

Step 3 : 어법 포인트 콕콕 찍어주기

1 동사술어문(动词谓语句)

술어의 주요성분이 동사인 문장을 동사술어문이라 한다. 목적어는 일반적으로 동사의 뒤에 놓인다.

① 我去。　　　　　　　　　② 她在北京。
③ 王明是学生。　　　　　　④ 他买水果。

xunlian 다음 그림을 보고 동사술어문을 이용하여 문장을 완성하시오.

[보기] 我___吃饭___。　　　(1) 他_____。　　　(2) 她_____。

2 의문사를 쓰는 의문문

중국어도 우리말과 마찬가지로 의문사 '什么(shénme·무엇)', '谁(shéi·누구)', '哪儿(nǎr·어디)' 등을 이용하여 의문문을 만들 수 있다. 의문사를 쓰는 의문문의 어순은 평서문의 어순과 같다. 즉 평서문에서 의문을 제기하는 부분을 의문사로 바꿔 놓으면 의문문이 된다.

	什么	谁	哪儿
진술문	她叫张兰。	他是我朋友。	我去商店。
의문문	她叫什么(名字)?	他是谁?	你去哪儿?

| xunlian | 다음을 밑줄 친 부분을 묻는 의문문으로 고치시오.

(1) 我姓<u>崔</u>。　　　→ _____
(2) 我去<u>书店</u>。　　→ _____
(3) 她是我<u>妹妹</u>。　→ _____

3　'是'자문

술어의 주요동사가 '是'인 문장을 '是'자문이라 한다. '是' 뒤의 목적어는 주어를 설명하는 역할을 하며, '~은/는 ~이다'라고 해석된다. 부정형식은 '是' 앞에 부정부사 '不'를 붙여 '不是'로 부정한다.

① 我是韩国人。　　　② 我是老师。　　　③ 我不是学生。

| xunlian | 다음 그림을 보고 '是'자문을 이용하여 대화를 완성하시오.

[보기]
A : 他是韩国人吗?
B : 他 <u>不是韩国人，他是日本人</u>。

(1)
A : 她是老师吗?
B : 她_____。

(2)
A : 王明是日本人吗?
B : 王明_____。

(3)
A : 她是惠林吗?
B : 她_____。

➕ 在 zài ~에 있다 / 北京 Běijīng 베이징 / 买 mǎi 사다 / 水果 shuǐguǒ 과일 / 苹果 píngguǒ 사과 / 商店 shāngdiàn 상점 / 书店 shūdiàn 서점 / 医生 yīshēng 의사 / 韩娜 Hánnà 한나

 **Step 4 : 이렇게 저렇게 말해보기** Track 48

1.
A 您贵姓？
你姓什么？

B 我姓 朴。
崔。
李(Lǐ·이)。
본인 성。

2.
A 你叫 什么名字？
什么？

B 我叫 王明。
张兰。
尹惠林。
본인 이름。

3.
A 你是哪国人？

B 我是 韩国
美国
日本
人，你呢？

A 我是 中国
法国
德国
人。

 **Step 5 : 발음 클리닉** Track 49

1 운모연습 an, ang, ao의 발음에 주의할 것.

fàndiàn(饭店) - fángjiān(房间)　　gǎnmào(感冒) - gǎohǎo(搞好)

sānlǎo(三老) - sāorǎo(骚扰)　　zhàndòu(战斗) - zhǎngdà(长大)

chǎndì(产地) - cháodài(朝代)　　dānjù(单据) - dāngjú(当局)

2 성모연습 m, n, l, r의 발음에 주의할 것.

mǎnyì(满意) - nányǐ(难以)　　liúpài(流派) - niúpái(牛排)

méiyòng(没用) - nèiróng(内容)　　lǎngdú(朗读) - ràngbù(让步)

lìqi(力气) - rìchū(日出)　　lèqù(乐趣) - rèqi(热气)

3 '제3성+제1, 2, 3, 4성' 연습

① 제3성+제1성　huǒchē(火车)　　jǐnzhāng(紧张)　　jiǔbā(酒吧)

② 제3성+제2성　zhěngqí(整齐)　　zhǔxí(主席)　　jǐnjí(紧急)

③ 제3성+제3성　xǐzǎo(洗澡)　　xiǎojiě(小姐)　　hěnhǎo(很好)

④ 제3성+제4성　nuǎnqì(暖气)　　jiǎnglì(奖励)　　jǐngsè(景色)

 TINGXIE

녹음을 듣고 병음을 써보세요.

(1) _____　(2) _____　(3) _____　(4) _____

Step 6 : 중국어 실력 쑥쑥 키우기   Track 50

1 다음 녹음을 듣고 빈칸을 채우시오.

(1) A : 老师, _____？

　　B : 我姓王。你_____？

　　A : 我叫尹惠林。

(2) A : 韩娜, 你好！_____, 大卫。

　　B : 你好！你_____？

　　A : 我是英国人。_____！

2 다음 제시어를 사용하여 각 대화를 완성하시오.

[보기]　A : 他是老师吗？
　　　　B : ___他不是老师，他是医生___。

(1) A : 他是中国人吗？
　　B : _____

　제시어〉 中国人 / 日本人

(2) A : 这是英语书吗？
　　B : _____

　제시어〉 英语书 / 汉语书

(3) A : 那是学校吗？
　　B : _____

　제시어〉 学校 / 医院

● 英语 Yīngyǔ 영어 / 书 shū 책 / 汉语 Hànyǔ 중국어 / 医院 yīyuàn 병원

3 다음 그림을 보고 의문사를 포함한 의문문으로 대화를 완성하시오.

[보기]   A : ___你叫什么___?
　　　　B : 我叫崔韩娜。

(1) 　　A : _____?
　　　　　　　　　　　　 B : 我去肯德基。

(2) A : _____?
　　B : 我姓朴。

(3) 　　A : _____?
　　　　　　　　　　　　 B : 这是我朋友，大卫。

(4) A : _____?
　　B : 他在北京。

(5) 　　A : _____?
　　　　　　　　　　　　 B : 我是韩国人。

(6) A : _____?
　　B : 妈妈看报纸。

4 옆사람과 처음 만난 상황을 가정하여 중국어로 서로를 소개하고 인사를 나누시오.

제시어〉 姓　叫　名字　认识　高兴　……

⊕ 肯德基 Kěndéjī KFC / 看 kàn 보다 / 报纸 bàozhǐ 신문

중국의 차(茶)문화에 대하여

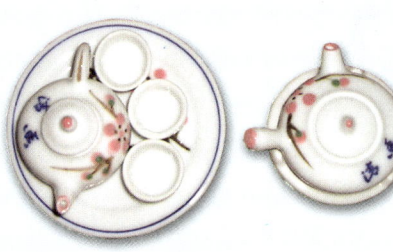

▶ 중국의 다기세트

중국인의 일상생활에서 빠뜨릴 수 없는 것이 바로 차이다.

집안에 손님이 오면 제일 먼저 차를 내와 대접하는 것이 중국인들의 습관이며, 일을 할 때에도, 공부를 할 때에도, 옆에는 언제나 차가 가득 들어 있는 찻병을 볼 수 있다. 택시나 버스를 타도 운전수 옆에 찻병이 놓여 있고, 호텔에 가면 방마다 티백 차와 끓는 물이 준비되어 있다.

중국의 차는 제조법에 따라 종류가 매우 다양한데, 대표적인 것으로 뤼차(绿茶)와 홍차(红茶), 우룽차(乌龙茶), 그리고 화차(花茶)를 들 수 있다.

뤼차는 연녹색의 산뜻한 색을 띠며 발효를 시키지 않은 차이다. 대표적인 뤼차로 룽징차(龙井茶)와 비뤄춘차(碧螺春茶)를 들 수 있다.

홍차는 찻잎을 85% 이상 발효시킨 차로, 찻물의 색깔은 선홍색을 띤다. 대표적인 홍차로 치홍차(祁红茶)와 뎬홍차(滇红茶)를 들 수 있다.

우룽차는 찻잎을 65% 이하로 발효시킨 차로, 찻잎이 굵으며 찻물은 황금색을 띤다.

화차는 중국에만 있는 차로, 찻잎에 향기로운 꽃을 넣어 증기로 쪄서 만든다. 대표적인 차로 모리화차(茉莉花茶)가 있다.

▶ 우룽차

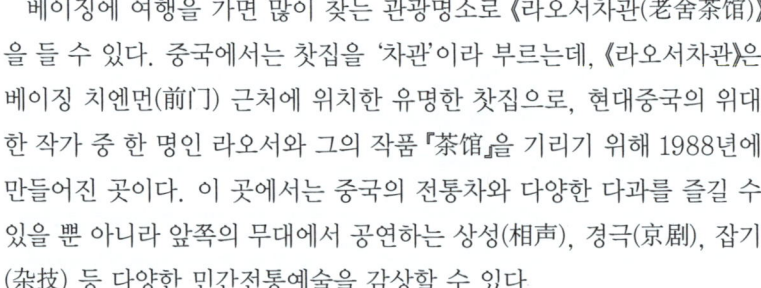

베이징에 여행을 가면 많이 찾는 관광명소로 《라오서차관(老舍茶馆)》을 들 수 있다. 중국에서는 찻집을 '차관'이라 부르는데, 《라오서차관》은 베이징 치엔먼(前门) 근처에 위치한 유명한 찻집으로, 현대중국의 위대한 작가 중 한 명인 라오서와 그의 작품 『茶馆』을 기리기 위해 1988년에 만들어진 곳이다. 이 곳에서는 중국의 전통차와 다양한 다과를 즐길 수 있을 뿐 아니라 앞쪽의 무대에서 공연하는 상성(相声), 경극(京剧), 잡기(杂技) 등 다양한 민간전통예술을 감상할 수 있다.

▶ 룽징차

▶ 모리화차

贵	丨 冂 므 虫 典 贵 贵 贵
貴·guì	贵 贵 贵

什	丿 亻 仁 什
甚·shén	什 什 什

么	丿 厶 么
麼·me	么 么 么

韩	一 十 古 直 卓 荁 乾 韩
韓·hán	韩 韩 韩

国	丨 冂 冂 冃 囗 囯 国 国
國·guó	国 国 国

这 · zhè

丶 亠 ナ 文 文 这 这

这 这 这

衛 · wèi

フ ㄗ 卫

卫 卫 卫

認 · rèn

丶 讠 认 认

认 认 认

識 · shí

丶 讠 讵 识 识 识

识 识 识

興 · xīng, xìng

丶 丶 丷 ⺍ 兴 兴

兴 兴 兴

4

你去哪儿?
어디에 가십니까?

이 과의 학습포인트
1. 행선지를 묻는 표현
2. 정반의문문
3. 연동문
4. 구조조사 '的'

Key Expressions — Track 51

你去哪儿?	당신은 어디에 가십니까?
我去图书馆借书。	저는 도서관에 책을 빌리러 갑니다.
今天是我的生日。	오늘은 제 생일입니다.

 Step 1 : 기본회화 익히기

[회화1] # 행선지 물어보기

张 兰: **您早！**
Nín zǎo!

朴先生: **你早！你去哪儿？**
Nǐ zǎo! Nǐ qù nǎr?

张 兰: **我去学校，您呢？**
Wǒ qù xuéxiào, nín ne?

朴先生: **我去公司。**
Wǒ qù gōngsī.

[단어] 朴 Piáo 고유 박 [성]
先生 xiānsheng 명 선생
去 qù 동 가다
学校 xuéxiào 명 학교
公司 gōngsī 명 회사

[회화2] 제안하는 표현과 거절하는 표현

尹惠林：王明，我去图书馆借书，你去不去？
Wáng Míng, wǒ qù túshūguǎn jiè shū, nǐ qù bu qù?

王　明：不去。
Bú qù.

尹惠林：一起去吧。
Yìqǐ qù ba.

王　明：我很累，你自己去吧。
Wǒ hěn lèi, nǐ zìjǐ qù ba.

尹惠林：好吧。
Hǎo ba.

[단어]　图书馆　túshūguǎn　몡 도서관
　　　　借　jiè　동 빌리다
　　　　书　shū　몡 책
　　　　一起　yìqǐ　뮈 같이
　　　　吧　ba　조 (요구, 동의 등을 나타내는 어기조사)
　　　　累　lèi　형 힘들다, 피곤하다
　　　　自己　zìjǐ　대 혼자, 자기

TIGAO SHUIPING

어기조사 '吧'는 문장 끝에 쓰여서 요구, 제의, 청유, 동의 등의 뜻을 나타낼 수 있다.

[회화3] **식사 초대하기**

张 兰 : **走吧。**
　　　　Zǒu ba.

王 明 : **去哪儿？**
　　　　Qù nǎr?

张 兰 : **去食堂吃饭，今天我请客。**
　　　　Qù shítáng chī fàn, jīntiān wǒ qǐngkè.

王 明 : **今天是什么好日子？**
　　　　Jīntiān shì shénme hǎo rìzi?

张 兰 : **是我的生日。**
　　　　Shì wǒ de shēngrì.

[단어]　走　zǒu　동 가다　　　　　　食堂　shítáng　명 식당
　　　　吃　chī　동 먹다　　　　　　　饭　fàn　명 밥
　　　　今天　jīntiān　명 오늘　　　　请客　qǐngkè　동 한턱 내다
　　　　日子　rìzi　명 날　　　　　　　的　de　조 ~의, ~한
　　　　生日　shēngrì　명 생일

TIGAO SHUIPING

■　**走吧。／去哪儿？／去食堂吃饭。／是我的生日。**

위의 네 문장은 모두 주어가 생략된 문장이다. 이처럼 대화를 하는 상황에서 주어가 분명한 경우 중국인들은 흔히 주어를 생략한다. 즉, 첫째, 둘째, 셋째 문장에는 모두 '我们'이 생략되었고, 마지막 문장에는 '今天'이 생략되었다.

Step 2 : 주요표현 따라잡기

■ 동사술어문의 문장 구성

1. 我们吃。 ⇨ 주어 + 동사
   我们吃饭。 ⇨ 주어 + 동사 + 목적어
   我们去吃饭。 ⇨ 주어 + 동사₁ + 동사₂ + 목적어
   我们去食堂吃饭。 ⇨ 주어 + 동사₁ + 목적어₁ + 동사₂ + 목적어₂
   我们去食堂吃饭吧。 ⇨ 주어 + 동사₁ + 목적어₁ + 동사₂ + 목적어₂ + 어기조사

2. 我去。 ⇨ 주어 + 동사
   我去图书馆。 ⇨ 주어 + 동사 + 목적어
   今天我去图书馆。 ⇨ 부사어 + 주어 + 동사 + 목적어
   今天我去图书馆看书。 ⇨ 부사어 + 주어 + 동사₁ + 목적어₁ + 동사₂ + 목적어₂

3. 他买。 ⇨ 주어 + 동사
   他买水果。 ⇨ 주어 + 동사 + 목적어
   明天他买水果。 ⇨ 부사어 + 주어 + 동사 + 목적어
   明天他去买水果。 ⇨ 부사어 + 주어 + 동사₁ + 동사₂ + 목적어
   明天他去商店买水果。 ⇨ 부사어 + 주어 + 동사₁ + 목적어₁ + 동사₂ + 목적어₂

지금까지 배운 어휘를 이용하여 동사술어문을 자유롭게 만들어 봅시다.
(옆 사람과 번갈아 한 단어씩 추가하며 문장 길이를 늘려간다.)

Step 3 : 어법 포인트 콕콕 찍어주기

1 정반의문문(正反疑问句)

진술문에서 동사 혹은 형용사의 긍정형식과 부정형식을 병렬하면 의문문을 만들 수 있는데, 이를 정반의문문이라 한다.

진술문	'吗' 의문문	정반의문문
我来。	你来吗?	你来不来?
我们去公司。	你们去公司吗?	你们去不去公司?
我很累。	你累吗?	你累不累?
我不热。	你热吗?	你热不热?

xunlian 다음 의문문을 정반의문문으로 고쳐보시오.

[보기] 你去学校吗? → <u>你去不去学校</u>?
(1) 她是你妹妹吗? → _____?
(2) 他的发音好吗? → _____?
(3) 你姐姐头发长吗? → _____?

2 연동문(连动句)

술어가 두 개 또는 두 개 이상의 동사나 동사구로 이루어진 문장을 연동문이라고 한다. 연동문은 다음 두 가지 의미를 나타낼 수 있다.

(1) 동작의 목적을 나타낸다.
① 我去中国学习汉语。 ② 他来我家吃饭。

(2) 동작의 수단이나 방법을 나타낸다.
① 我们坐火车去西安。 ② 他用洗衣机洗衣服。

xunlian 주어진 제시어를 알맞게 배열하여 연동문을 만들어 보시오.

[보기] 去 / 吃 / 他们 / 饭 / 食堂 → 他们去食堂吃饭。
(1) 她 / 买 / 去 / 水果 / 商店 → _____。
(2) 看 / 去 / 电影 / 我 → _____。
(3) 坐 / 我 / 北京 / 火车 / 去 → _____。

3 구조조사 '的'

명사, 대명사가 관형어가 되어 소속관계를 나타낼 때, 관형어와 중심어 사이에 구조조사 '的'를 붙인다. '~의'라고 해석된다.

① 这是我的书。　　② 他是王明的哥哥。

인칭대명사가 관형어로 쓰이고, 중심어에 친족을 의미하는 명사나 소속된 단체, 기관을 나타내는 명칭이 오면 '的'를 생략한다.

① 他是我弟弟。　　② 我们学校很大。

xunlian 다음 그림을 보고 '的'의 용법에 주의하여 문장을 완성하시오.

[보기] 这是 __我的__ 朋友, 张兰。
(1) 他是_____学生。
(2) 这是_____妹妹。
(3) 这是_____书。

🔹 热 rè 덥다 / 学习 xuéxí 공부하다, 배우다 / 来 lái 오다 / 家 jiā 집 / 坐 zuò 타다 / 火车 huǒchē 기차 / 西安 Xī'ān 시안 / 用 yòng 사용하다 / 洗衣机 xǐyījī 세탁기 / 洗 xǐ 씻다 / 衣服 yīfu 옷 / 电影 diànyǐng 영화 / 大 dà 크다 / 北京大学 Běijīng Dàxué 베이징대학교

 **Step 4 : 관련어휘로 기초 다지기** (Track 58)

장소를 나타내는 다음 어휘를 익혀두세요.

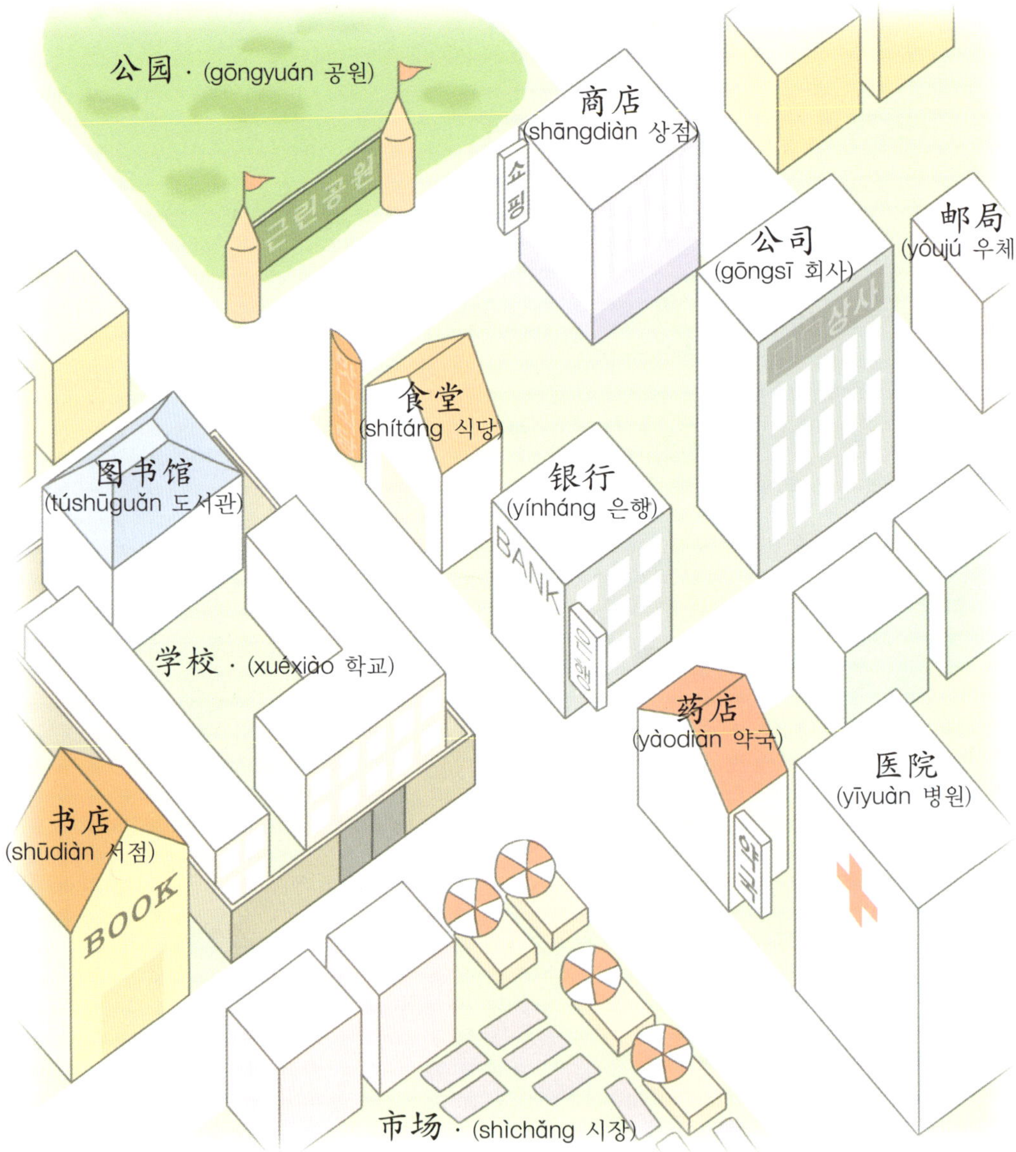

- 公园 (gōngyuán 공원)
- 商店 (shāngdiàn 상점)
- 公司 (gōngsī 회사)
- 邮局 (yóujú 우체국)
- 食堂 (shítáng 식당)
- 图书馆 (túshūguǎn 도서관)
- 银行 (yínháng 은행)
- 学校 (xuéxiào 학교)
- 药店 (yàodiàn 약국)
- 医院 (yīyuàn 병원)
- 书店 (shūdiàn 서점)
- 市场 (shìchǎng 시장)

 **Step 5 :** 이렇게 저렇게 말해보기　Track 59

1 Ⓐ 你去哪儿？

Ⓑ 我去 学校。
　　　　 银行。
　　　　 药店。

2 Ⓐ 你 累不累？
　　　 热不热？
　　　 高兴不高兴？

Ⓑ 我 很 累。
　　　 不 热。
　　　　 高兴。

3 Ⓐ 我去 图书馆，
　　　　 书店，　你去不去？
　　　　 银行，

Ⓑ 我 也 去。
　　　 不

4 Ⓐ 我们一起去 公园玩儿
　　　　　　　 图书馆学习 吧。
　　　　　　　 食堂吃饭

Ⓑ 好吧！

○ 玩儿 wánr 놀다

 **Step 6 : 발음 클리닉**

1 운모연습 en, eng, ong의 발음에 주의할 것.

fēnfu(吩咐) - fēngfù(丰富)　　　chéngbǎi(成百) - chóngbài(崇拜)
mēnrè(闷热) - měngliè(猛烈)　　gēnjù(根据) - gèngjiā(更加)
chénggōng(成功) - zǒnggòng(总共)　hěnduō(很多) - héngdào(横道)

2 성모연습 j, z, zh의 발음에 주의할 것.

jìzhě(记者) - zhǐzhe(指着)　　　zànshí(暂时) - zhǎnshì(展示)
jiāojí(焦急) - zǎoqī(早期)　　　jìdù(忌妒) - zhìdù(制度)
jìrán(既然) - zìrán(自然)　　　zǒngshì(总是) - zhòngshì(重视)

3 '제4성+제1, 2, 3, 4성' 연습

① 제4성+제1성　kuànggōng(旷工)　huòchē(货车)　lùdēng(路灯)
② 제4성+제2성　huàxué(化学)　　liànxí(练习)　　hàoqí(好奇)
③ 제4성+제3성　fùmǔ(父母)　　　dàyǔ(大雨)　　bàozhǐ(报纸)
④ 제4성+제4성　pùbù(瀑布)　　　zuòyè(作业)　　huìhuà(会话)

　　　　　　　　　　　　　　　　　　　　　　　　　TINGXIE

녹음을 듣고 병음을 써보세요.

(1) _____　(2) _____　(3) _____　(4) _____

 **Step 7 : 중국어 실력 쑥쑥 키우기**

1 녹음을 듣고, 각 녹음 내용과 일치하는 그림을 찾으시오.

(1) _____ (2) _____ (3) _____ (4) _____

ⓐ  ⓑ

ⓒ  ⓓ

2 다음 녹음을 듣고 빈칸을 채우시오.

(1) A : 我去图书馆借书, _____?

　　B : 不去。

　　A : _____。

　　B : 我很累, 你_____。

(2) A : 今天_____。

　　B : 今天是什么好日子？

　　A : 是_____。

3 정반의문문을 이용하여 각 대화를 완성하시오.

[보기] A: __你去不去公司__?
B: 我不去。

(1) A: _____?
B: 我不去商店，我去银行。

(2) A: _____?
B: 她很高兴。

(3) A: _____?
B: 他不是韩国人。

(4) A: _____?
B: 我不累。

4 그림을 보고 연동문을 포함한 문장으로 대화를 완성하시오.

[보기]

A: 你去哪儿？
B: __我去图书馆借书__。

(1)

A: 你去哪儿？
B: _____。

(2)

A: 你去哪儿？
B: _____。

(3)

A: _____, 一起去吧。
B: 我很累, 你自己去吧。

5 다음 문장이 옳은지 판단하고, 옳지 않을 경우 '的'의 용법에 주의하여 문장을 고쳐보시오.

[보기] 那是他铅笔。（×） ⇨ <u>那是他的铅笔</u>。

(1) 这是我们老师。（ ） ⇨ _____。

(2) 他书很新。（ ） ⇨ _____。

(3) 我的哥哥是学生。（ ） ⇨ _____。

6 다음 그림에서 한국어로 쓰인 부분을 중국어로 옮기시오.

(1)
→ _____

(2)
→ _____

(3)
→ _____

(4)
→ _____

7 다음 상황을 근거로 대화를 나누시오.

길을 가다가 누군가를 만나 서로의 행선지를 묻는다.

✚ 车 chē 차 / 铅笔 qiānbǐ 연필 / 新 xīn 새롭다

중국의 명절풍경에 대하여(1) - 중국의 설, 春节

중국의 명절은 매우 많은데 그 중 설(春节·Chūnjié), 원소절(元宵节·Yuánxiāojié), 단오절(端午节·Duānwǔjié), 중추절(中秋节·Zhōngqiūjié)은 중국의 전통적인 4대 명절로 불린다.

▲ '倒(거꾸로)'와 '到(오다)'의 발음이 같아서, '倒福'는 '到福', 즉 '복이 온다'는 의미를 나타낸다.

중국의 설

음력 정월 초하루인 설은 중국의 가장 크고 성대한 전통 명절로, 정부에서는 정식 휴일을 일주일로 규정하고 있지만 대부분의 회사는 1월 15일까지 보름의 휴가기간을 준다. 우리나라와 마찬가지로 중국의 설에도 중국인들이 자신의 고향을 찾아가는 '민족 대이동'이 이루어진다.

중국인들은 음력 12월 23일부터 새해를 맞을 준비를 시작하는데, 집집마다 대청소를 하고, 봄을 맞는 기쁨을 나타내고 가정의 평안을 기원하는 의미에서 춘련(春联)이나 연화(年画) 등을 붙인다. 전날 밤인 음력 12월 30일에는 연야반(年夜饭)을 먹는다.

새해 첫날에는 우리나라와 마찬가지로 어른들께 세배를 하고 세뱃돈을 받으며, 중국의 독특한 설 문화 중 하나로 사람들이 모여서 폭죽을 터뜨린다. 환경오염의 방지를 위해 많은 도시에서 폭죽과 불꽃놀이를 금지시키고 있지만, 아직도 지방에 가면 시끄러운 폭죽소리와 와자지껄한 웃음소리가 설의 진풍경을 이룬다.

▲ **춘련** 붉은 종이에 검은색이나 금색으로 길상이나 축복의 말을 적어 대문에 붙이는 대련.

▶ **연화** 사악한 귀신을 쫓는 신의 모습이나 신화·고사나 풍속을 그린 것 등 연화의 소재는 매우 다양하다.

去 qù	一 十 土 去 去
	去 去 去

哪 nǎ	丨 口 口 叨 叨 明 哪 哪
	哪 哪 哪

儿 兒·ér	丿 儿
	儿 儿 儿

图 圖·tú	丨 冂 冂 冈 图 图 图
	图 图 图

书 書·shū	㇆ 乛 书 书
	书 书 书

馆
館 · guǎn

ノ ㇏ 亻 饣 饣 伫 馆 馆 馆						
馆	馆	馆				

吧
ba

丨 冂 口 叨 叨 吧 吧						
吧	吧	吧				

饭
飯 · fàn

ノ ㇏ 亻 饣 饣 饣 饭 饭						
饭	饭	饭				

请
請 · qǐng

丶 讠 讠 讠 清 清 请 请						
请	请	请				

的
de

ノ 亻 白 白 白 的 的 的						
的	的	的				

5

今天几号?
오늘이 며칠입니까?

이 과의 학습포인트
1. 년, 월, 일, 요일 표현하기
2. 명사술어문
3. '吧'를 이용한 의문문
4. 선택의문문

Key Expressions Track 62

今天几月几号?	오늘이 몇 월 며칠입니까?
圣诞节是星期五。	크리스마스는 금요일입니다.
今天是星期四还是星期五?	오늘이 목요일입니까, 아니면 금요일입니까?

 Step 1 : 기본회화 익히기

[회화1] **날짜 물어보기**

王 明: 今天几号?
Jīntiān jǐ hào?

张 兰: 四号。
Sì hào.

王 明: 星期几?
Xīngqī jǐ?

张 兰: 星期六。
Xīngqīliù.

王 明: 啊, 后天是我的生日。
À, hòutiān shì wǒ de shēngrì.

[단어]
几 jǐ 대 몇
四 sì 수 4
星期六 xīngqīliù 명 토요일
后天 hòutiān 명 모레
号 hào 명 일(日)
星期 xīngqī 명 요일
啊 à 감 아!

TIGAO SHUIPING

위의 본문에 보이는 것처럼 중국어에서 날짜는 '号', 요일은 '星期'를 이용하여 표현합니다. 이 때 '号'는 '日'로, '星期'는 '礼拜[lǐbài]'로 바꾸어 쓸 수 있습니다. 단, '日'는 주로 서면어에 많이 쓰이며, '礼拜'보다는 '星期'가 더 빈번하게 쓰입니다.

[회화2] **날, 일, 요일 표현하기**

王 明：明天是几月几号？
Míngtiān shì jǐ yuè jǐ hào?

尹惠林：十二月二十号。
Shí'èr yuè èrshí hào.

王 明：圣诞节是星期天吧？
Shèngdànjié shì xīngqītiān ba?

尹惠林：不是星期天，是星期一。
Bú shì xīngqītiān, shì xīngqīyī.

[단어] 明天 míngtiān 명 내일   月 yuè 명 월
       十二 shí'èr 수 12   二十 èrshí 수 20
       圣诞节 Shèngdànjié 명 크리스마스   星期天 xīngqītiān 명 일요일
       星期一 xīngqīyī 명 월요일

 TIGAO SHUIPING

날을 나타내는 다음 시간사를 함께 익혀두세요~

[회화3] 약속잡기

张 兰: 今天是星期四还是星期五？
Jīntiān shì xīngqīsì háishi xīngqīwǔ?

金在旭: 星期四。
Xīngqīsì.

张 兰: 周末我们去逛商店吧。
Zhōumò wǒmen qù guàng shāngdiàn ba.

金在旭: 周末我有事儿，下星期吧。
Zhōumò wǒ yǒu shìr, xiàxīngqī ba.

张 兰: 好，一言为定。
Hǎo, yì yán wéi dìng.

[단어]
星期四 xīngqīsì 명 목요일
还是 háishi 접 또는, 아니면
星期五 xīngqīwǔ 명 금요일
周末 zhōumò 명 주말
逛 guàng 동 가다, 산보하다
商店 shāngdiàn 명 상점, 가게
有 yǒu 동 ~이 있다
事儿 shìr 명 일
下 xià 명 다음
一言为定 yì yán wéi dìng 한 마디로 결정하다

 **Step 2 : 주요표현 따라잡기**

■ 중국어로 년(年), 월(月), 일(日), 요일(星期)을 표현하는 방법

1. '년'을 읽을 때에는, 직접 숫자를 한 개씩 따로 읽은 후 뒤에 '年'을 읽는다.
   예 1997年 : yī jiǔ jiǔ qī nián
   2004年 : èr líng líng sì nián

2. '월'을 읽을 때에는, 1~12를 읽은 후 뒤에 '月'는 읽는다.
   예 一月 : yī yuè   七月 : qī yuè   十二月 : shí'èr yuè

3. '일'을 읽을 때에는, 각 숫자 뒤에 '日' 또는 '号'를 붙여준다. '日'는 서면어에, '号'는 구어에 쓰인다.
   예 八日(八号) : bā rì (bā hào)   二十六日(二十六号) : èrshíliù rì (èrshíliù hào)

4. 중국어로 '요일'을 표현하는 방법은 다음과 같다.

   | 星期一 | 星期二 | 星期三 | 星期四 |
   | xīngqīyī | xīngqī'èr | xīngqīsān | xīngqīsì |

   | 星期五 | 星期六 | 星期天(星期日) |
   | xīngqīwǔ | xīngqīliù | xīngqītiān (xīngqīrì) |

5. 중국어에서의 시간은 큰 것에서 작은 것 순으로, 즉 년, 월, 일, (요일)의 순서대로 표현한다.
   예 2004년 10월 7일 (목요일) → 二零零四年十月七号(星期四)

다음 날짜를 중국어로 읽어보세요.

二零零四年十二月二十五号星期六

Step 3 : 어법 포인트 콕콕 찍어주기

1 명사술어문(名词谓语句)

중국어에서는 명사, 명사구 혹은 수량사 등이 직접 술어로 쓰일 수 있는데, 이를 '명사술어문'이라 한다. 주로 시간, 연령, 본적, 수량 등을 나타내는 데 쓰인다. 부정을 나타낼 경우에는 술어 앞에 '不是'를 사용한다.

① 今天星期天。
② 他二十二岁。
③ 他北京人。
④ 他不是北京人。

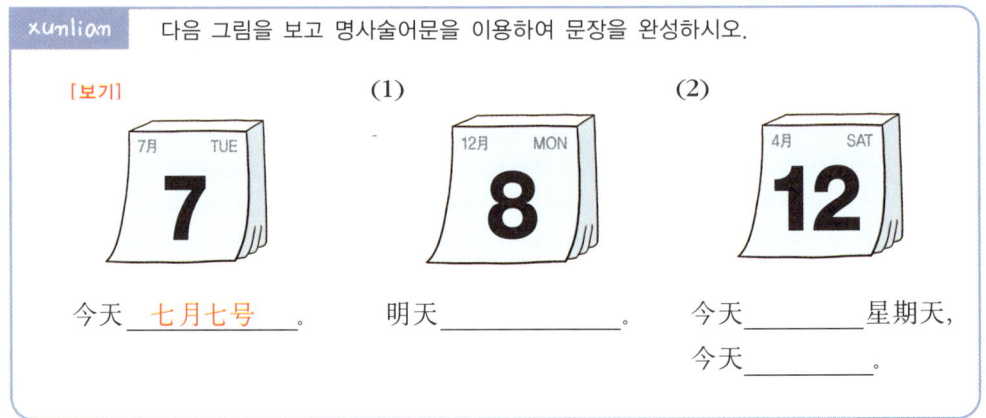

xunlian 다음 그림을 보고 명사술어문을 이용하여 문장을 완성하시오.

[보기] 今天 <u>七月七号</u>。

(1) 明天_____。

(2) 今天_____星期天, 今天_____。

2 '吧'를 이용한 의문문

'吧'는 어기조사로 문미에 쓰여 의문문을 만들 수 있다. 추측의 느낌을 나타낸다.

① A: 你是老师吧?
　 B: 对，我是老师。

② A: 你去学校吧?
　 B: 不，我去邮局。

③ A: 他不来吧?
　 B: 对，他不去。

④ A: 你很累吧?
　 B: 不，我不累。

> **xunlian** 보기와 같이 '吧'를 이용하여 다섯 개 이상의 의문문을 만들어 보시오.
>
> [보기] 北京很大吧？ / 你是他妹妹吧？ / ……
>
> ▶

❸ 선택의문문(选择疑问句)

'还是'는 선택의문문에 쓰이며, 두 가지 대답이 가능할 경우 '还是'를 써서 묻고, 대답하는 사람은 그중 하나를 택한다.

① A : 你是中国人还是日本人？　　② A : 你今天去还是明天去？
　 B : 我是中国人。　　　　　　　　　 B : 我明天去。

> **xunlian** 다음 그림을 보고 '还是'를 이용한 선택의문문으로 대화를 완성하시오.
>
> [보기]
> A : 你___看报还是看电视___？
> B : 我现在看电视。
>
> (1)
> A : 他_____？
> B : 他是医生。
>
> (2)
> A : 你_____？
> B : 我去中国。
>
> (3)
> A : 你_____？
> B : 我喜欢冬天。

➕ 岁 suì 살, 세 / 电视 diànshì 텔레비전 / 喜欢 xǐhuan 좋아하다 / 夏天 xiàtiān 여름 / 冬天 dōngtiān 겨울

Step 4 : 관련어휘로 기초 다지기   Track 69

1   숫자 읽는 방법을 익혀두세요.

零	líng	0	一	yī	1	二	èr	2
三	sān	3	四	sì	4	五	wǔ	5
六	liù	6	七	qī	7	八	bā	8
九	jiǔ	9	十	shí	10	百	bǎi	100

2   시간 관련 표현을 알아두세요.

今年 jīnnián 올해

去年 qùnián 작년

明年 míngnián 내년

前年 qiánnián 재작년

后年 hòunián 후년

上个月 shàng ge yuè 지난달

下个月 xià ge yuè 다음 달

这个月 zhè ge yuè 이번 달

这(个)星期 zhè (ge) xīngqī 이번 주

上(个)星期 shàng (ge) xīngqī 지난주

下(个)星期 xià (ge) xīngqī 다음 주

 **Step 5 :** 이렇게 저렇게 말해보기   Track 70

1

A
昨天
明天　星期几？
后天

B
星期四。
星期六。
星期天。

2

A
你的生日　几号？
圣诞节　几月几号？

B
3号。
25号。
10月7号。
12月25号。

3

A
　　去学校　　　去公司？
你　是老师　还是　学生？
　　这星期去　　下星期去？

B
去学校。
是老师。
这星期去。

 **Step 6 : 발음 클리닉** Track 71

1 운모연습 uai, un, uan, uang의 발음에 주의할 것.

s**uàn**mìng(算命) – s**ūn**nǚ(孙女)   z**ūn**jìng(尊敬) – z**uān**jìn(钻进)
g**uài**zuì(怪罪) – g**uàn**zi(罐子)   w**án**le(完了) – w**ǎng**luò(网络)
h**uài**shì(坏事) – h**uān**xǐ(欢喜)   k**uáng**rè(狂热) – k**ùn**rǎo(困饶)

2 성모연습 x, s, sh의 발음에 주의할 것.

sháozi(勺子) – **xi**ǎo**s**ǐ(笑死)   **shàn**shì(善事) – **sān**shí(三十)
sùshè(宿舍) – **xū**shí(虚实)   **shuǎi**shǒu(甩手) – **xuǎn**shǒu(选手)
shùzì(数字) – **sù**zhì(素质)   **gōng**xǐ(恭喜) – **gōng**sī(公司)

3 3음절 연독 훈련

xīngqītiān(星期天)   xīhóngshì(西红柿)   gōngwùyuán(公务员)
dúshēngzǐ(独生子)   yánjiūshēng(研究生)   fúwùyuán(服务员)
yǒuyìsi(有意思)   qiǎokèlì(巧克力)   zhǎnlǎnguǎn(展览馆)
diànyǐngyuàn(电影院)   kuàngquánshuǐ(矿泉水)   zìxíngchē(自行车)

4 라오커우링(绕口令)

Sì shì sì, shí shì shí, shísì shì shísì, sìshí shì sìshí, shísì búshì sìshí, sìshí búshì shísì.

TINGXIE

녹음을 듣고 병음을 써보세요.

(1) _____   (2) _____   (3) _____   (4) _____

 **Step 7 : 중국어 실력 쑥쑥 키우기** Track 72

1 녹음을 듣고, 각 녹음 내용과 일치하는 그림을 찾으시오.

(1) _____ (2) _____ (3) _____ (4) _____

ⓐ    ⓑ

ⓒ    ⓓ

2 녹음을 듣고 빈칸을 채우시오.

(1) A : _____ ?

　　B : 今天不是星期三，是星期四。

　　A : _____，我们去看球赛吧。

　　B : 好。

(2) A : _____ ?

　　B : 明天六月三号。

　　A : 明天我们去商店吧。

　　B : _____，星期天吧。

　　A : 好，_____。

3 다음 그림을 보고 '吧'를 이용하여 각 대화를 완성하시오.

[보기]　A：今天是五月四号吧？
　　　　B：对，今天五月四号。

(1)　A：_____?
　　 B：对，圣诞节是星期六。

(2)　A：_____?
　　 B：不，我去书店。

(3)　A：_____?
　　 B：不，我是韩国人。

4 다음 제시어를 사용하여 각 대화에 알맞는 질문을 '还是'를 이용하여 만들어 보시오.

[보기]　A：今天是星期三还是星期四？
　　　　B：今天星期三。

(1)　A：_____?　　제시어〉 10月10日 / 10月11日
　　 B：我的生日10月10日。

(2)　A：_____?　　제시어〉 你 / 我
　　 B：我去。

(3)　A：_____?　　제시어〉 市场 / 饭店
　　 B：我去饭店。

5 다음을 큰 소리로 읽어보시오.

(1) 다음의 연, 월, 일, 요일을 중국어로 읽어보시오.

　　1918年5月4日星期三　　　2001年12月25日星期五

　　1992年7月20日星期日　　　2002年1月17日星期二

　　2003年3月10日星期四　　　2008年9月16日星期一

(2) 1~100까지의 숫자 중 몇 개를 골라 중국어로 읽어보시오.

　　1, 2, 3, 4 …… 100

6 다음 한국어를 중국어로 번역하시오.

(1)

→ _____

(2)

→ _____

7 자신의 생일이나 특정한 날의 날짜와 그날의 계획에 대해 중국어로 얘기해 보시오.

[예]　圣诞节是……月……号，星期……。那天我……

　　　我的生日是……月……号，星期……。那天我……

➕ 国庆节 Guóqìngjié 국경절 / 教师节 Jiàoshījié 스승의 날 / 球赛 qiúsài 농구·축구 등 공으로 하는 경기 / 饭店 fàndiàn 호텔

중국의 명절풍경에 대하여 (2) - 원소절과 중추절

중국문화 읽기

원소절

원소절(元宵节)은 음력 정월 15일로, 우리의 정월대보름에 해당되는 날이다. 이날 저녁에는 오색찬란한 등롱이 온 거리와 사찰 등을 장식하기 때문에, 이날을 등롱절(灯笼节)이라 부르기도 한다. 이날의 빼놓을 수 없는 중요한 풍속은 원소(元宵)를 먹는 것이다. 원소는 하얀 찹쌀가루로 만드는데 맛이 매우 달콤하다. 또한 그 모양이 둥글둥글하여 가정의 화목과 단란함을 상징한다. 원소절이 지나면서 새해를 맞이한 들뜬 분위기는 가라앉게 된다.

▲원소 둥글둥글한 원소는 가정의 단란함을 상징한다.

▲궁등 새해를 맞으면서부터 다는 궁등. 이 외에도 원소절에는 사자, 꽃, 금붕어, 사람 모양 등 다양한 등을 볼 수 있다.

중추절

중추절(中秋节)은 음력 8월 15일로, 이날은 가족들이 모여 보름달을 구경하고 월병(月饼)을 먹는다. 사람들은 보름달을 만남과 원만함의 상징으로 보기 때문에, 이날을 '흩어졌던 가족이 다시 만나는 날'이라는 뜻에서 '단원절(团圆节)'이라 부르기도 한다.

중추절의 행사로는 마당에 월신(月亮码儿)의 그림이나 토끼인형(兔儿爷)을 차려놓고 달을 향해 제사를 지내는 '배월(拜月)'과, 달을 감상하고 소원을 비는 '상월(赏月)' 등이 있는데, 이 행사는 여자들이 주관하며 남자들은 참여하지 않는다. 우리나라에서 중추절을 큰 명절로 간주하여 3일간 쉬는 데 반해, 중국은 15일 당일만 쉰다.

▲월병 고기나 채소로 소를 넣고 각종 무늬나 글자를 찍어 만드는 중추절의 대표음식.

几	丿几
幾·jǐ	几 几 几

号	丨 冂 口 므 号
號·hào	号 号 号

后	一 厂 斤 斤 后 后
後·hòu	后 后 后

圣	乛 又 圣 圣
聖·shèng	圣 圣 圣

诞	丶 讠 讠 讠 讠 诞 诞 诞 诞
誕·dàn	诞 诞 诞

节 節·jié	一 艹 芇 节
	节 节 节

还 還·hái, huán	一 ア 不 不 不 还 还
	还 还 还

周 zhōu	丿 冂 冂 円 円 周 周
	周 周 周

逛 逛·guàng	丿 犭 犭 犭 狂 狂 逛
	逛 逛 逛

为 爲·wéi, wèi	丶 丿 为 为
	为 为 为

6

我家有四口人。

우리 가족은 네 명입니다.

이 과의 학습포인트
1. 가족 수, 가족 상황에 관해 대화나누기
2. '有'자문
3. 어기조사 '了'
4. 개사구조와 '在'

Key Expressions — Track 73

我家有四口人。	우리 가족은 네 명입니다.
你家有谁?	당신의 가족구성원은 어떻게 됩니까?
你爸爸在哪儿工作?	당신의 아버지는 어디에서 일하십니까?

Step 1 : 기본회화 익히기　Track 74~79

[회화1] 가족수와 가족구성원에 대해 물어보기

张 兰: 你家有几口人？
Nǐ jiā yǒu jǐ kǒu rén?

王 明: 四口人。
Sì kǒu rén.

张 兰: 都有什么人？
Dōu yǒu shénme rén?

王 明: 爸爸、妈妈、哥哥和我。你家呢？
Bàba、māma、gēge hé wǒ. Nǐ jiā ne?

张 兰: 我家三口人，我是独生女。
Wǒ jiā sān kǒu rén, wǒ shì dúshēngnǚ.

[단어]　家 jiā 명 집, 가족　　口 kǒu 양 식구(가족을 세는 단위)
　　　　和 hé 접 ~와　　　　三 sān 수 3
　　　　独生女 dúshēngnǚ 명 외동딸

TIGAO SHUIPING

■ 你家有几口人？/ 四口人。

일반적으로 중국어의 수사나 지시사, 일부 의문사는 단독으로 명사를 수식할 수 없으며, 반드시 사이에 양사를 써야 한다. 한국어의 '개', '마리', '명', '자루' 등을 나타내는 것을 중국어로 '양사(量词)'라 한다. 위 문장에서 '口'는 가족의 수를 셀 때 쓰이는 양사로, 일반적으로 사람수를 셀 때는 '个[ge]'를 써야 한다.

[회화2] **직업에 대해 묻고 답하기**

尹惠林: **你家有谁？**
Nǐ jiā yǒu shéi?

金在旭: **我家有爸爸、妈妈、两个姐姐和我。**
Wǒ jiā yǒu bàba、māma、liǎng ge jiějie hé wǒ.

尹惠林: **你爸爸在哪儿工作？**
Nǐ bàba zài nǎr gōngzuò?

金在旭: **他在电脑公司工作，他是经理。**
Tā zài diànnǎo gōngsī gōngzuò, tā shì jīnglǐ.

尹惠林: **你妈妈呢？**
Nǐ māma ne?

金在旭: **她不工作。**
Tā bù gōngzuò.

[단어]
谁 shéi 대 누구
两 liǎng 수 2
个 ge 양 개(가장 광범위하게 쓰이는 양사)
在 zài 개 ~에, ~에서
工作 gōngzuò 명동 일, 일하다
他 tā 대 그
电脑 diànnǎo 명 컴퓨터
经理 jīnglǐ 명 기업의 책임자, 매니저
她 tā 대 그녀

[회화3] 가족 상황과 개인 신상 묘사하기

尹惠林：**你结婚了吗？**
　　　　Nǐ jiéhūn le ma?

大　卫：**已经结婚了，我爱人是医生。**
　　　　Yǐjing jiéhūn le, wǒ àiren shì yīshēng.

尹惠林：**你们有没有孩子？**
　　　　Nǐmen yǒu méiyǒu háizi?

大　卫：**有一个女儿。你呢？**
　　　　Yǒu yí ge nǚ'ér. Nǐ ne?

尹惠林：**我还没有男朋友呢。**
　　　　Wǒ hái méiyǒu nánpéngyou ne.

[단어]　结婚　jiéhūn　동 결혼하다　　　　　　了　le　조 (상황의 변화, 완료를 나타내는 동태조사)
　　　　已经　yǐjing　부 이미, 벌써　　　　　　爱人　àiren　명 부인, 남편
　　　　医生　yīshēng　명 의사　　　　　　　　没有　méiyǒu　동 ~이 없다
　　　　孩子　háizi　명 자녀, 어린이　　　　　　还　hái　부 아직
　　　　男朋友　nánpéngyou　명 남자친구

TIGAO SHUIPING

■ 我还没有男朋友呢。

'还没(有)……呢'는 응당 발생해야 할 일이 아직 일어나지 않았음을 나타낸다.

　　① A：他有孩子吗？　　　　　　② A：王明来了吗？
　　　 B：他还没结婚呢。　　　　　　 B：他还没来呢。

Step 2 : 주요표현 따라잡기

■ **가족수, 가족구성원, 직업 등에 대해 묻고 답하는 표현**

1 가족수나 구성원에 대해 묻는 표현

    (1) A : 你家有几口人？   당신의 가족은 몇 명입니까?
         B : 四口人。   우리 가족은 4명입니다.

    (2) A : 你家有什么人？   당신의 가족성원은 어떻게 됩니까?
             你家有谁？
        B : 爸爸、妈妈、妹妹和我。 아버지와 어머니, 여동생, 그리고 제가 있습니다.

    ⇨ 1번과 같이 가족수를 묻는 경우에는 사람수만 얘기하거나 혹은 덧붙여 각 사람이 누구인지 설명하기도 한다. 2번의 경우에는 구체적인 가족구성원이 누구인지만 설명한다.

2 직업을 묻는 표현

    (1) A : 你在哪儿工作？   당신은 어디에서 일합니까?
         B : 我在商店工作，我是售货员。 저는 상점에서 일합니다, 저는 판매원입니다.
            我在电脑公司工作。   저는 컴퓨터 회사에서 일합니다.

    (2) A : 你做什么工作？   당신은 무슨 일을 합니까?
         B : 我是医生。   저는 의사입니다.

    ⇨ 1번의 경우에는 '어디'에서 일하는지에 초점이 맞춰져 있기 때문에 근무하는 장소를 위주로 대답한다. 2번의 경우에는 '무엇'을 하는지에 초점이 맞춰져 있다. 따라서 자신의 직업을 말하는 식으로 대답한다.

✚ 做 zuò ~을 하다 / 售货员 shòuhuòyuán 판매원, 점원

우리 가족은 네 명입니다. | 109

 **Step 3 : 어법 포인트 콕콕 찍어주기**

① '有'자문

동사 '有'는 일반적으로 소유를 나타낸다. 그 부정형식은 '没有'이며, '不有'라고 할 수 없다. 정반의문문은 '……有没有……?'로 표현한다.

긍정문	부정문	정반의문문
我有一个哥哥。	我没有哥哥。	你有没有哥哥？
他有女朋友。	他没有女朋友。	他有没有女朋友？
我们学校有银行。	我们学校没有银行。	我们学校有没有银行？

> **xunlian** 그림을 보고 '有'를 이용하여 문답형의 대화를 나누시오.
>
> [보기] A : 房间里有○○吗？
>   B : 有。／ 没有。

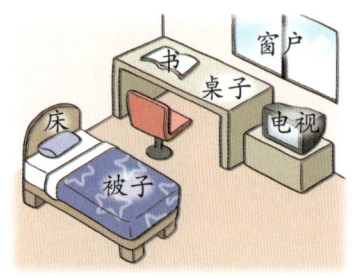

② 어기조사 '了'(1)

어기조사 '了'는 문장의 끝에 쓰여 어떤 상황이 이미 발생했거나 동작이 완료됐음을 나타낸다. 부정형식은 동사앞에 '没(有)'를 붙이고 문장 끝의 '了'를 생략해 준다. 정반의문문을 만들 때에는 문장 끝에 '没有'를 붙이거나, '了'를 없애고 동사의 긍정형과 부정형을 병렬하여 '……没……'로 표현한다.

긍정문	부정문	정반의문문
他去商店了。	他没去商店。	他去没去商店？／ 他去商店了没有？
他昨天来了。	他昨天没来。	他昨天来没来？／ 他昨天来了没有？

> **xunlian** 다음 문장을 과거형으로 바꾸고, 이를 다시 부정문으로 바꾸시오.
>
> [보기] 我去学校。 → <u>我去学校了。</u> → <u>我没去学校。</u>
> (1) 她买水果。 → _____ → _____
> (2) 大卫看电影。 → _____ → _____
> (3) 韩娜吃饭。 → _____ → _____

③ 개사구조와 개사 '在'

개사는 영어의 전치사와 같은 역할을 하는 품사이다. '개사+목적어' 형식을 가리켜 '개사구조'라 하며, 개사구조는 주로 동사 앞에 쓰여 부사어 역할을 한다. '在'는 장소를 이끌어내는 개사로 '~에(서)'라는 의미를 나타낸다.

① A : 他在哪儿学习？
　 B : 他在山东大学学习。

② A : 你在哪儿工作？
　 B : 我在电脑公司工作。

> **xunlian** 다음 그림을 보고 개사 '在'를 이용하여 문장을 완성하시오.
>
> [보기] 他 <u>在食堂工作</u>。
> (1) 王明_____。
> (2) 她_____。
> (3) 韩娜_____。

● 窗户 chuānghu 창문 / 床 chuáng 침대 / 桌子 zhuōzi 책상 / 被子 bèizi 이불 / 山东大学 Shāndōng Dàxué 산둥대학교

 **Step 4 : 관련어휘로 기초 다지기**

직업을 나타내는 다음 어휘를 익혀두세요.

公司职员
(gōngsī zhíyuán 회사원)

售货员
(shòuhuòyuán 판매원)

学生
(xuésheng 학생)

歌手
(gēshǒu 가수)

警察
(jǐngchá 경찰)

医生
(yīshēng 의사)

护士
(hùshi 간호사)

老师
(lǎoshī 선생님)

演员
(yǎnyuán 배우)

会计师
(kuàijìshī 회계사)

记者
(jìzhě 기자)

运动员
(yùndòngyuán 운동선수)

Step 5 : 이렇게 저렇게 말해보기 Track 81

1
- A: 你／王明 家有几口人？
- B: 我／他 家有 三／五 口人。

2
- A: 你家都有 谁？／什么人？
- B: 爸爸、妈妈、哥哥／妹妹 和我。

3
- A: 你在哪儿工作？
- B: 我在 贸易公司／银行／邮局 工作。

4
- A: 你爸爸／你的女朋友／你爱人 做什么工作？
- B: 他／她／他(她) 是 会计师。／歌手。／记者。

➕ 贸易公司 màoyì gōngsī 무역회사

 **Step 6 : 발음 클리닉** Track 82

1 운모연습 in, ian, üan, ün의 발음에 주의할 것.

yīnyuè (音乐) - yùnyù (孕育)   quántou (拳头) - qiántú (前途)
jùnzi (菌子) - jīnzi (金子)   dānxīn (担心) - tànxún (探询)
píjuàn (疲倦) - qījiān (期间)   xùnliàn (训练) - xuànyùn (眩晕)

2 성모연습 q, c, ch의 발음에 주의할 것.

xuānchuán (宣传) - jiànquán (健全)   cìzǐ (次子) - chīzi (痴子)
qúnzi (裙子) - cūnzi (村子)   cǎoyè (草叶) - chāoyuè (超越)
chùsuǒ (处所) - cèsuǒ (厕所)   chǎojià (吵架) - qiáojiǎo (桥脚)

3 4음절 연독 훈련

wǔyánliùsè (五颜六色)   gāosùgōnglù (高速公路)
míngshènggǔjì (名胜古迹)   chūzūqìchē (出租汽车)
kōngzhōngxiǎojiě (空中小姐)   bǎihuòdàlóu (百货大楼)
shízìlùkǒu (十字路口)   diànshìjiémù (电视节目)

4 라오커우링(绕口令)

① Zhè shì cán, nà shì chán, cán chángzài yèli cáng, chán chángzài línli chàng.

② Hélǐ yǒu zhī chuán, chuánshàng guà báifān. Fēng chuī fān zhāng chuán xiàng qián, wú fēng fān luò tíngxià chuán.

TINGXIE

녹음을 듣고 병음을 써보세요.

(1) _____ (2) _____ (3) _____ (4) _____

Step 7 : 중국어 실력 쑥쑥 키우기   Track 83

1 녹음을 듣고, 각 녹음 내용과 일치하는 그림을 찾으시오.

(1) _____ (2) _____ (3) _____ (4) _____

ⓐ    ⓑ

ⓒ   ⓓ

2 녹음을 듣고 빈칸을 채우시오.

(1) A : _____?

　　B : 五口人。奶奶、爸爸、妈妈、弟弟_____。

　　A : 你弟弟_____?

　　B : _____, 他在清华大学学习。

(2) A : 你有姐姐吗?

　　B : _____姐姐。

　　A : 她们_____?

　　B : 大姐_____工作，二姐在书店工作。

✚ 清华大学 Qīnghuá Dàxué 칭화대학교 / 大姐 dàjiě 첫째언니(누나) / 二姐 èrjiě 둘째언니(누나)

3 다음 그림을 보고 보기와 같이 대화를 나누시오.

(1)

[보기]
A : 你家有几口人？
B : 四口人。
A : 都有什么人？
B : 爸爸、妈妈、弟弟和我。

A : _____?
B : _____。
A : _____?
B : _____。

(2)

A : _____?
B : _____。
A : _____?
B : _____。

(3)

A : _____?
B : _____。
A : _____?
B : _____。

[보기]
A : 你做什么工作？
B : 我是售货员。

(4)

A : _____?
B : _____。

(5)

A : _____?
B : _____。

(6)

A : _____?
B : _____。

[보기]
A : 你爸爸在哪儿工作？
B : 他在电脑公司工作，他是经理。

(7) 哥哥
A : _____?
B : _____
_____。

(8) 姐姐
A : _____?
B : _____
_____。

(9) 妹妹
A : _____?
B : _____
_____。

4 다음 각 문장이 옳은지 판단하고, 틀릴 경우 올바른 문장으로 고쳐보시오.

[보기]　在大学他学习。(×)　⇨　他在大学学习　　　　　。

(1) 我还没结婚呢。(　)　⇨　_____。
(2) 我没买苹果了。(　)　⇨　_____。
(3) 我哥哥不有女朋友。(　)　⇨　_____。
(4) 大卫工作在贸易公司。(　)　⇨　_____。
(5) 他还没有孩子了。(　)　⇨　_____。

5 옆사람과 상대방의 가족수, 가족 구성원의 직업 등을 주제로 대화를 나누시오.

중국문화 읽기

중국의 명절풍경에 대하여(3) – 단오절

▲종자 찹쌀에 밤, 대추 등을 넣고 갈대잎으로 싸서 찐, 단오절의 대표 음식.

음력 5월 5일인 단오절(端午节)은 여름의 덥고 습한 날씨로 인해 퍼지기 시작하는 각종 질병을 막으려는 차원에서 시작된 명절이다. 그래서 중국인들은 이날 집집마다 창포와 쑥을 걸어놓거나 종규(钟馗)의 그림을 벽에 걸고, 아이들에게는 향주머니를 달아준다.

또한 이날에는 종자(粽子)를 먹고 용주(龙舟)경기를 하는데, 이는 초나라의 시인 굴원(屈原)을 기리는 데서 시작되었다. 늘 나라와 백성을 염려했던 애국시인 굴원은 초나라의 정치를 개혁하고 다른 나라와 연합하여 진나라에 대항해야 한다고 주장하였다. 하지만 이는 반대파에 의해 묵살당하고 굴원은 유배를 가게 된다. 유배를 가서도 나라를 걱정하던 굴원은 초나라가 진나라에게 패했다는 소식을 듣고 멱라강(汨罗江)에 투신자살하였는데, 이날이 바로 기원전 278년 5월 5일이었다고 한다. 사람들은 모두 배를 타고 그의 시체를 건지려 하였지만 결국 찾지 못했고, 물고기들이 굴원의 몸을 먹지 못하게 하고자 먹을 것을 강에 던져 물고기에게 주었다. 그후 매년 음력 5월 5일이 되면 굴원을 기리고자 이 일을 반복하였으며, 여기에서 종자와 용주경기가 유래하였다.

▲향주머니 단오절이 되면 아이들의 몸에 향주머니를 달아주는데, 여기에도 질병을 막아주기를 바라는 중국인들의 소망이 담겨 있다.

▲종규像 종규는 역귀를 쫓아낸다는 신으로, 단오절이 되면 질병을 막기 위해 종규의 그림을 벽에 걸어 둔다.

▲굴원 '초사(楚辭)'라는 낭만적인 시체를 만든 굴원은 초나라의 대표시인으로,「이소(離騷)」「어부사(漁父辭)」등의 작품을 남겼다.

独 獨·dú	⺆ 了 犭 犭 犭 独 独 独

谁 誰·shéi, shuí	丶 讠 讠 讠 讠 讠 谁 谁 谁

两 兩·liǎng	一 丆 丌 丙 丙 两 两

个 個·ge	丿 人 个

电 電·diàn	丨 冂 闩 日 电

脑 腦·nǎo	丿 月 月 扩 肝 胶 脑 脑
	脑 脑 脑

经 經·jīng	乚 幺 幺 纟 纟 经 经 经
	经 经 经

结 結·jié	乚 幺 幺 纟 纤 结 结 结 结
	结 结 结

爱 愛·ài	一 爫 爫 爫 严 严 写 爱
	爱 爱 爱

医 醫·yī	一 匚 匚 庁 庁 匡 医
	医 医 医

부록

· 본문해석
· 연습문제 정답
· 색인 – 본문어휘 색인 / 보충어휘 색인

1

✻ 안녕하세요! ✻

1 ▶ 윤혜림: 안녕!
왕밍: 안녕!

2 ▶ 왕 선생님: 여러분, 안녕하세요?
윤혜림, 왕밍: 선생님, 안녕하세요?

3 ▶ 왕 선생님: 학생 여러분, 잘 가세요.
윤혜림, 왕밍: 선생님, 안녕히 계세요.

2

✻ 요즘 잘 지내십니까? ✻

1 ▶ 장란: 요즘 잘 지내니?
김재욱: 잘 지내, 너는?
장란: 나도 잘 지내. 고마워.

2 ▶ 윤혜림: 오래간만이야, 바쁘니?
김재욱: 아주 바빠, 너는?
윤혜림: 난 바쁘지 않아.

3 ▶ 장란: 너희 아버지, 어머니는 건강하시니?
왕밍: 그분들 모두 건강하셔. 너희 아버지, 어머니는?
장란: 그분들도 모두 건강하셔.

3

✻ 이름이 무엇입니까? ✻

1 ▶ 장란: 선생님, 안녕하세요?
왕 선생님: 안녕!
장란: 선생님, 성함이 어떻게 되세요?
왕 선생님: 나는 왕씨이다. 넌 이름이 뭐지?
장란: 저는 장란이라고 합니다.

2 ▶ 윤혜림: 넌 이름이 뭐니?
왕밍: 난 왕밍이야. 넌?
윤혜림: 난 윤혜림이라고 해. 넌 어느 나라 사람이니?
왕밍: 중국인이야. 넌?
윤혜림: 난 한국인이야.

3 ▶ 윤혜림: 장란, 안녕! 여긴 내 친구 데이빗이야.
장란: 안녕! 넌 미국인이니?
데이빗: 아니. 난 미국인이 아니라 영국인이야.
장란: 만나서 반가워.
데이빗: 만나게 되어 나도 기뻐.

4 ✱ 어디에 가십니까? ✱

1▶ 장란: 안녕하세요?
박 선생: 안녕! 넌 어디에 가니?
장란: 전 학교에 가요. 선생님은요?
박 선생: 난 회사에 간단다.

2▶ 윤혜림: 왕밍, 나 도서관에 책을 빌리러 가는데, 너 갈래?
왕밍: (난) 안 갈래.
윤혜림: 같이 가자.
왕밍: 나는 너무 피곤해, 너 혼자 가.
윤혜림: 그래.

3▶ 장란: 가자.
왕밍: 어디에 가는데?
장란: 식당에 밥 먹으러 가자. 오늘은 내가 한턱 낼게.
왕밍: 오늘이 무슨 좋은 날이니?
장란: 내 생일이야.

5 ✱ 오늘이 며칠입니까? ✱

1▶ 왕밍: 오늘이 며칠이지?
장란: 4일이야.
왕밍: 무슨 요일이야?
장란: 토요일이야.
왕밍: 아, 모레가 내 생일이네.

2▶ 왕밍: 내일이 몇 월 몇 일이지?
윤혜림: 12월 20일이야.
왕밍: 크리스마스가 일요일이지?
윤혜림: 일요일이 아니라, 월요일이야.

3▶ 장란: 오늘이 목요일이야, 금요일이야?
김재욱: 목요일이야.
장란: 주말에 우리 상점 좀 둘러보러 가자.
김재욱: 주말에 난 일이 있어. 다음주에 가자.
장란: 좋아. 약속한거다.

6 ✱ 우리 가족은 네 명입니다. ✱

1▶ 장란: 너희 가족은 몇 명이니?
왕밍: 네 명이야.
장란: 모두 누구누구인데?
왕밍: 아버지, 어머니, 형과 나야. 너희 집은?
장란: 우리 가족은 세 명이야. 난 외동딸이야.

2▶ 윤혜림: 가족이 어떻게 되니?
김재욱: 우리 가족은 아버지, 어머니, 두 누나와 내가 있어.
윤혜림: 아버지께서는 어디에서 근무하셔?
김재욱: 컴퓨터 회사에 다니시는데, 회사 지배인이야.
윤혜림: 너희 어머니는?
김재욱: 어머니는 직장에 안 다니셔.

3▶ 윤혜림: 넌 결혼했니?
데이빗: 이미 결혼했어. 내 아내는 의사야.
윤혜림: 애는 있어?
데이빗: 딸이 하나 있어. 넌?
윤혜림: 난 아직 남자친구도 없어.

부록2- 연습문제 정답

1

Step 3 어법 포인트 ...

1▶ (1) 她很可爱。
(2) 我吃饭。
(3) 房间很干净。

Step 6 발음클리닉 ...

(1) fǒuzé　　(2) duìdài
(3) pòhuài　　(4) gāoshàng

Step 7 중국어 실력 ...

1▶ (1) ⓑ　(2) ⓓ　(3) ⓐ　(4) ⓒ

녹음대본

(1) A : 你好！
B : 您好！

(2) A : 明天见！
B, C : 明天见！

(3) A : 妈妈早！
B : 早！

(4) A : 再见！
B : 再见！

2▶ (1) 你好
(2) 老师，您早
(3) 同学们，再见

3▶ (1) 您好
(2) 同学们好

(3) 爸爸早
(4) 明天见 / 明天见

4▶ (1) 你早！
(2) 老师好！
(3) 再见！/ 再见！
(4) 明天见！/ 明天见！

2

Step 3 어법 포인트 ...

1▶ (1) 不忙
(2) 很累

2▶ (1) 他工作很忙。
(2) 王明个子不高。
(3) 她头发不长。

3▶ (1) 你累吗？
(2) 你学习好吗？
(3) 王明个子高吗？

Step 6 발음클리닉 ...

(1) xuéhǎo　　(2) sūnnǚ
(3) qiǎnglüè　　(4) bēngkuì

Step 7 중국어 실력 ...

1▶ (1) ⓑ　(2) ⓒ　(3) ⓐ　(4) ⓓ

녹음대본
(1) 她个子很高，头发也很长。

(2) A : 你身体好吗？
　　B : 不好。

(3) A : 你爸爸、妈妈身体好吗？
　　B : 他们都很好，谢谢。

(4) A : 你工作忙吗？
　　B : 我不忙。
　　A : 你姐姐呢？
　　B : 她很忙。

2▸ (1) 最近好吗 / 你呢 / 谢谢
　 (2) 爸爸、妈妈呢 / 他们也都很好

3▸ 奶奶 / 爸爸 / 哥哥 / 妹妹

4▸ (1) 你工作忙吗
　 (2) 你身体好吗
　 (3) 你爸爸、妈妈(身体)好吗

5▸ (1) 你忙吗
　 (2) 你累吗
　 (3) 她最近忙吗

6▸ (1) 你工作累吗？
　 (2) 对不起！/ 没关系。

(2) 你去哪儿？
(3) 她是谁？

3▸ (1) 不是老师，她是医生。
　 (2) 不是日本人，他是中国人。
　 (3) 不是惠林，她是韩娜。

Step 5 발음클리닉

(1) mánglù　　(2) ràoyuǎn
(3) lǎnduò　　(4) fánnǎo

Step 6 중국어 실력

1▸ (1) 您贵姓 / 叫什么名字
　 (2) 这是我朋友 / 是哪国人 /
　　　认识你很高兴

2▸ (1) 他不是中国人，他是日本人。
　 (2) 这不是英语书，这是汉语书。
　 (3) 那不是学校，那是医院。

3▸ (1) 你去哪儿
　 (2) 你姓什么
　 (3) 这是谁
　 (4) 他在哪儿
　 (5) 你是哪国人
　 (6) 妈妈看什么

3

Step 3 어법 포인트

1▸ (1) 去中国
　 (2) 买苹果

2▸ (1) 你姓什么？

4

Step 3 어법 포인트

1▸ (1) 她是不是你妹妹
　 (2) 他的发音好不好

(3) 你姐姐头发长不长

2 ▶ (1) 我去商店买水果
　　(2) 我去看电影
　　(3) 我坐火车去北京

3 ▶ (1) 北京大学的
　　(2) 我
　　(3) 大卫的

Step 6 발음클리닉 …

　　(1) ménkǒu　　(2) zìjǐ
　　(3) zhòngliàng　(4) mèngxiǎng

Step 7 중국어 실력 …

1 ▶ (1) ⓓ　(2) ⓐ　(3) ⓒ　(4) ⓑ

녹음대본
　(1) A : 你去哪儿？
　　　B : 我去书店，你呢？
　　　A : 我也去书店。我们一起去吧。
　　　B : 好！

　(2) A : 你早！
　　　B : 你早！
　　　A : 你去哪儿？
　　　B : 我去图书馆借书。

　(3) A : 我去看电影，你去不去？
　　　B : 我很累，你自己去吧。

　(4) A : 今天我请客。
　　　B : 今天是什么好日子？
　　　A : 是我的生日。

2 ▶ (1) 你去不去 / 一起去吧 / 自己去吧
　　(2) 我请客 / 我的生日

3 ▶ (1) 你去不去商店
　　(2) 她高兴不高兴
　　(3) 他是不是韩国人
　　(4) 你累不累

4 ▶ (1) 我去公园玩儿
　　(2) 我去食堂吃饭
　　(3) 坐车去商店

5 ▶ (1) ×　这是我们的老师
　　(2) ×　他的书很新
　　(3) ×　我哥哥是学生

6 ▶ (1) 你去哪儿？/ 我去医院。
　　(2) 好吧。
　　(3) 我去市场买苹果。
　　(4) 今天我请客。

5

Step 2 주요표현 …

十二月一号星期三 / 十二月十三号星期一 / 十二月十九号星期日（星期天）/ 十二月二十五号星期六 / 十二月三十号星期四

Step 3 어법 포인트 …

1 ▶ (1) 十二月八号、星期一
　　(2) 不是 / 星期六

3 ▶ (1) 是医生还是老师
　　(2) 去中国还是去韩国
　　(3) 喜欢夏天还是喜欢冬天

Step 6 발음클리닉...

(1) shùnbiàn (2) suānnǎi
(3) shuāidǎo (4) xǐhuan

〈라오커우링〉 원문과 해석

四是四，十是十，
十四是十四，四十是四十，
十四不是四十，四十不是十四。
4는 4이고, 10은 10이다.
14는 14이고, 40은 40이다.
14는 40이 아니며, 40은 14가 아니다.

Step 7 중국어 실력...

1. (1) ⓐ (2) ⓓ (3) ⓒ (4) ⓑ

녹음대본

(1) 今天十月一号。十月一号是中国的国庆节。

(2) A：后天是王明的生日。
B：是吗？后天几月几号？
A：后天五月十六号。我们一起去他家吧。
B：好！

(3) A：今天几月几号？
B：今天九月十号。今天是教师节。
A：是吗？

(4) A：今天星期几？
B：今天星期一。
A：现在你累吧？
B：对，我身体不好。

2. (1) 今天星期三吧 / 后天是圣诞节
(2) 明天几月几号 / 明天我有事儿 / 一言为定

3. (1) 圣诞节是星期六吧
(2) 你去商店吧
(3) 你是中国人吧

4. (1) 你的生日是10月10日还是10月11日？
(2) 你去还是他去？
(3) 你去市场还是去饭店？

5. (1) 今天是周末吧？
(2) 这星期去还是下星期去？

6

Step 3 어법 포인트...

1. A：房间里有床吗？/ B：有。
A：房间里有人吗？/ B：没有。
A：房间里有衣服吗？/ B：没有。
⋮

2. (1) 她买水果了。/ 她没买水果。
(2) 大卫看电影了。/ 大卫没看电影。
(3) 韩娜吃饭了。/ 韩娜没有吃饭。

3. (1) 在医院工作
(2) 在药店工作
(3) 在公园玩儿

Step 6 발음클리닉...

(1) quánshēn (2) yùndòng
(3) chūntiān (4) cāozòng

〈라오커우림〉 원문과 해석

这是蚕，那是蝉，蚕常在野里藏，蝉常在林里唱。
이것은 누에, 저것은 매미, 누에는 항상 들에 숨어 있고, 매미는 항상 수풀에서 노래하네.

河里有只船，船上挂白帆。风吹帆张船向前，无风帆落停下船。
강물 위에 배 한 척이 있고 배 위에 하얀 돛이 걸려 있네. 바람이 불어 돛이 펼쳐지면 배가 앞으로 가고, 바람이 그쳐 돛이 내려지면 배는 멈추네.

Step 7 중국어 실력 …

1 ▶ (1) ⓑ　　(2) ⓒ　　(3) ⓓ　　(4) ⓐ

녹음대본

(1) A : 你家有什么人？
　　B : 爸爸、妈妈、哥哥和我。
　　A : 你哥哥结婚了吗？
　　B : 结婚了。他有两个孩子。

(2) A : 你家有几口人？
　　B : 四口人，爸爸、妈妈、姐姐和我。
　　A : 你姐姐做什么工作？
　　B : 她是护士。

(3) A : 你家有谁？
　　B : 爸爸、妈妈和我，我是独生女。

(4) A : 你结婚了吗？
　　B : 我还没有男朋友呢！
　　A : 对不起！
　　B : 没关系！

2 ▶ (1) 你家有几口人 / 和我 / 做什么工作 / 他是学生
　　(2) 有两个 / 在哪儿工作 / 在贸易公司

3 ▶ (1) A : 你家有几口人？
　　　　B : 五口人。
　　　　A : 都有什么人？
　　　　B : 爷爷、奶奶、爸爸、妈妈和我。

(2) A : 你家有几口人？
　　B : 五口人。
　　A : 都有谁？
　　B : 爸爸、妈妈、两个妹妹和我。

(3) A : 你家有几口人？
　　B : 四口人。
　　A : 都有什么人？
　　B : 爸爸、妈妈、哥哥和我。

(4) A : 她做什么工作？
　　B : 她是歌手。

(5) A : 她做什么工作？
　　B : 她是警察。

(6) A : 他做什么工作？
　　B : 他是运动员。

(7) A : 你哥哥在哪儿工作？
　　B : 他在商店工作，他是售货员。

(8) A : 你姐姐在哪儿工作？
　　B : 她在医院工作，她是护士。

(9) A : 你妹妹在哪儿工作？
　　B : 她在学校工作，她是老师。

4 ▶ (1) ○
　　(2) ✕　我没买苹果。
　　(3) ✕　我哥哥没有女朋友。
　　(4) ✕　大卫在贸易公司工作。
　　(5) ✕　他还没有孩子呢。

부록3- 본문 단어 색인

단어	한어병음	과
A		
啊	à	5
爱人	àiren	6
B		
爸爸	bàba	2
吧	ba	4
不	bù	2
C		
吃	chī	4
D		
的	de	4
电脑	diànnǎo	6
都	dōu	2
独生女	dúshēngnǚ	6
E		
二十	èrshí	5

단어	한어병음	과
F		
饭	fàn	4
G		
高兴	gāoxìng	3
个	ge	6
公司	gōngsī	4
工作	gōngzuò	6
逛	guàng	5
贵姓	guìxìng	3
国	guó	3
H		
还	hái	6
还是	háishi	5
孩子	háizi	6
韩国	Hánguó	3
好	hǎo	1
好久不见	hǎo jiǔ bú jiàn	2
号	hào	5
和	hé	6
很	hěn	2
后天	hòutiān	5

J

几	jǐ	5
家	jiā	6
叫	jiào	3
结婚	jiéhūn	6
借	jiè	4
今天	jīntiān	4
金在旭	Jīn Zàixù	2
经理	jīnglǐ	6

K

口	kǒu	6

L

老师	lǎoshī	1
了	le	6
累	lèi	4
两	liǎng	6

M

妈妈	māma	2
吗	ma	2
忙	máng	2
没有	méiyǒu	6
美国	Měiguó	3
们	men	1
明天	míngtiān	5
名字	míngzi	3

N

哪	nǎ	3
哪儿	nǎr	4
男朋友	nánpéngyou	6
呢	ne	2
你	nǐ	1
你好	nǐ hǎo	1
你们	nǐmen	1
您	nín	1

P

朋友	péngyou	3
朴	piáo	4

Q

请客	qǐngkè	4
去	qù	4

R

人	rén	3
认识	rènshi	3
日子	rìzi	4

S

三	sān	6
商店	shāngdiàn	5
谁	shéi	6
身体	shēntǐ	2
什么	shénme	3

生日	shēngrì	4
圣诞节	Shèngdànjié	5
十二	shí'èr	5
食堂	shítáng	4
是	shì	3
事儿	shìr	5
书	shū	4
四	sì	5

T

她	tā	6
他	tā	6
他们	tāmen	2
同学	tóngxué	1
图书馆	túshūguǎn	4

W

王明	Wáng Míng	1
王	Wáng	1
我	wǒ	2
五	wǔ	5

X

下	xià	5
先生	xiānsheng	4
谢谢	xièxie	2
星期	xīngqī	5
星期六	xīngqīliù	5
星期四	xīngqīsì	5
星期天	xīngqītiān	5
星期五	xīngqīwǔ	5
星期一	xīngqīyī	5

姓	xìng	3
学校	xuéxiào	4

Y

也	yě	2
医生	yīshēng	6
已经	yǐjing	6
一言为定	yì yán wéi dìng	5
尹惠林	Yǐn Huìlín	1
英国	Yīngguó	3
有	yǒu	5
月	yuè	5

Z

在	zài	6
再见	zàijiàn	1
早	zǎo	1
张兰	Zhāng Lán	2
这	zhè	3
中国	Zhōngguó	3
周末	zhōumò	5
自己	zìjǐ	4
走	zǒu	4
最近	zuìjìn	2

부록4- 보충어휘 색인

단어	한어병음	페이지

B

八	bā	96
爸爸	bàba	36
百	bǎi	96
报纸	bàozhǐ	69
北京	Běijīng	65
北京大学	Běijīng Dàxué	79
被子	bèizi	111
不客气	bú kèqi	45

C

长	cháng	49
车	chē	85
吃	chī	35
窗户	chuānghu	111
床	chuáng	111

D

大	dà	79
大后天	dàhòutiān	91
大姐	dàjiě	115
大前天	dàqiántiān	91
德国	Déguó	63
弟弟	dìdi	50
电视	diànshì	95
电影	diànyǐng	79
冬天	dōngtiān	95
对不起	duìbuqǐ	45

E

俄罗斯	Èluósī	63
儿子	érzi	50
二	èr	96
二姐	èrjiě	115

F

发音	fāyīn	49
法国	Fǎguó	63
饭	fàn	35
饭店	fàndiàn	101
房间	fángjiān	35

G

干净	gānjìng	35
高	gāo	49
哥哥	gēge	50
歌手	gēshǒu	112
个子	gèzi	49
个	ge	106
公园	gōngyuán	80
工作	gōngzuò	49
国庆节	Guóqìngjié	101

H

韩娜	Hánnà	65
汉语	Hànyǔ	68
很	hěn	35

后年	hòunián	96
护士	hùshi	112
火车	huǒchē	79

J

记者	jìzhě	112
家	jiā	79
教师节	Jiàoshījié	101
姐姐	jiějie	50
今年	jīnnián	96
警察	jǐngchá	112
九	jiǔ	96

K

看	kàn	69
可爱	kě'ài	35
肯德基	Kěndéjī	69
会计师	kuàijìshī	112

L

来	lái	79
累	lèi	45
李	Lǐ	66
礼拜	lǐbài	90
零	líng	96
六	liù	96

M

妈妈	māma	30
买	mǎi	65
贸易公司	màoyì gōngsī	113
没关系	méi guānxi	45
妹妹	mèimei	50
明年	míngnián	96
明天见	Míngtiān jiàn	33

N

哪	nǎ	63
哪儿	nǎr	63
那	nà	63
那儿	nàr	63
奶奶	nǎinai	50
女儿	nǚ'ér	50

P

苹果	píngguǒ	65

Q

七	qī	96
铅笔	qiānbǐ	85
前年	qiánnián	96
前天	qiántiān	91
清华大学	Qīnghuá Dàxué	115
球赛	qiúsài	101
去	qù	35
去年	qùnián	96

R

热	rè	79
日本	Rìběn	63

S

三	sān	96
山东大学	Shāndōng Dàxué	111
商店	shāngdiàn	65
上个月	shàng ge yuè	96
上星期	shàng xīngqī	96
什么	shénme	63
十	shí	96

市场	shìchǎng	80
售货员	shòuhuòyuán	109
书	shū	68
书店	shūdiàn	65
水果	shuǐguǒ	65
岁	suì	95

T

他	tā	35
他们	tāmen	35
她	tā	35
她们	tāmen	35
它	tā	35
它们	tāmen	35
头发	tóufa	49
图书馆	túshūguǎn	80

W

晚安	Wǎn'ān	33
玩儿	wánr	81
我	wǒ	35
我们	wǒmen	35
五	wǔ	96

X

西安	Xī'ān	79
洗	xǐ	79
洗衣机	xǐyījī	79
喜欢	xǐhuan	95
下个月	xià ge yuè	96
下星期	xià xīngqī	96
夏天	xiàtiān	95
新	xīn	85
星期二	xīngqī'èr	93
星期日	xīngqīrì	93
星期三	xīngqīsān	93

幸会	xìnghuì	62
学生	xuésheng	30
学习	xuéxí	79
学校	xuéxiào	35

Y

演员	yǎnyuán	112
药店	yàodiàn	80
爷爷	yéye	50
一	yī	96
衣服	yīfu	79
伊拉克	Yīlākè	63
医生	yīshēng	65
医院	yīyuàn	68
银行	yínháng	35
英语	Yīngyǔ	68
用	yòng	79
邮局	yóujú	80
运动员	yùndòngyuán	112

Z

在	zài	65
这	zhè	63
这个月	zhè ge yuè	96
这儿	zhèr	63
这星期	zhè xīngqī	96
职员	zhíyuán	112
桌子	zhuōzi	111
昨天	zuótiān	91
做	zuò	109
坐	zuò	79

MP3 파일 다운로드 및
실시간 재생 서비스

다락원 중국어회화 입문편

편저 宋乐永, 刘延芳, 郑彬, 唐鹏举, 孙同明
펴낸이 정규도
펴낸곳 (주)다락원

초판 1쇄 발행 2004년 3월 2일
초판 30쇄 발행 2024년 3월 13일

기획·편집 최준희, 홍현정
디자인 정현석, 김금주, 권대훈
일러스트 신예희
중국어 녹음 赵冬梅, 刘淼

🏢 다락원 경기도 파주시 문발로 211
전화 (02)736-2031(내선 250~252/내선 430~437)
팩스 (02)732-2037
출판등록 1977년 9월 16일 제406-2008-000007호

Copyright ⓒ 2004, 宋乐永 外

저자 및 출판사의 허락 없이 이 책의 일부 또는 전부를 무단 복제·전재·발췌할 수 없습니다. 구입 후 철회는 회사 내규에 부합하는 경우에 가능하므로 구입처에 문의하시기 바랍니다. 분실·파손 등에 따른 소비자 피해에 대해서는 공정거래위원회에서 고시한 소비자 분쟁 해결 기준에 따라 보상 가능합니다. 잘못된 책은 바꿔 드립니다.

ISBN 978-89-7255-377-9 18720
ISBN 978-89-7255-376-2 (세트)

www.darakwon.co.kr
다락원 홈페이지를 방문하시면 상세한 출판 정보와 함께 동영상 강좌, MP3 자료 등 다양한 어학 정보를 얻으실 수 있습니다.